再構築への提言

社会保障崩壊

川村匡由

はじめに

年金は現役時代の賃金の約6割から4割へ。医療は診療報酬がここ20年、ほとんど引き上げられておらず、薬価や機材の高額化もあって経営難の一方、患者の自己負担は1割から3割のうえ、新型コロナウイルス感染症（COVID―19）に約３３８０万人が感染、７万５０００人が受診・入院難で死亡。介護は介護老人福祉施設（特別養護老人ホーム：特養）への入所が「原則要介護３以上」で待機者約27万５０００人。子育ても保育所（園）や保育士などの少なさ、若年世代の生活苦や晩婚・非婚化で出生数はわずか同80万人。生活保護は相次ぐ保護基準の改定と申請規制。雇用は雇用者の約４割がパートタイマー（パート）やアルバイトなどの非正規で賃金はここ30年横ばい……。

内閣府や厚生労働省（厚労省）などによると、日本はＧＤＰ（国内総生産）が世界第３位で国民所得に占める税金や社会保険料の負担の割合を示す国民負担率、およびこれに財政の赤字額を加えた潜在的国民負担率は２０２２年度現在、47・５％から61・１％と「高福祉・高負担」の福祉国家スウェーデンなどの北欧並みであるにもかかわらず、対ＧＤＰ比の社会保障給付費は23・５％と「低福祉・中負担」のアメリカやイギリスとほぼ同じレベルである。また、国際連合（国連）持続可能開発ソリューションネットワーク（ＳＤＳＮ）の「世界幸福度（２０２３年）」によると、国民の幸福度は同年現在、１４６か国・地域中、同47位と発展途上国並みである。

一方、高齢化率は同年時点で29・０％に対し、合計特殊出生率は１・26と過去最低だが、すべての団塊世代が75歳以上の後期高齢者となる２０２５年、さらに本格的な少子高齢社会および人口減少となる情勢の２０６５年を見据え、自然増の社会保障給付費を増額すべきである。

それも、政府は今後も社会保障給付費を抑制する半面、増税を検討しており、まさに崩壊状態である。社会保障給付費を抑制する一方で、世界唯一の戦争被爆国として戦争放棄や戦力不保持、交戦権否認を定めた日本国憲法第９条を定めているにもかかわらず、対米従属の加速や軍需産業の利権誘導のため、防衛（軍事）費を２０２３年度から２０２７年度までに総額約43兆円と増額、アメリカ、中国に次ぐ世界第3位の軍事大国にのし上げようとしている。しかも、赤字国債は２０２２年現在、総額約１２５７兆円と世界最悪の〝借金大国〟だが、その借金の使い道は社会保障に回さず、旧態依然として政官財（業）の癒着によって国民の血税も浪費し、新幹線や高速道路、地方空港など戦後の高度経済成長期と変わらぬ土建型公共事業を強行している。

本書はこのような社会保障崩壊の実態を照射したうえ、国民主権、基本的人権の尊重、平和主義を三大原則とする日本国憲法第25条に定めた国民の生存権が保障され、かつ国の社会保障的義務にもとづき、だれでも住み慣れた地域でいつまでも生命や財産、安全・安心な生活が確保されるべくその再構築のため、提言した。その意味で、本書を一般向けの啓蒙書や社会福祉士・精神保健福祉士の国家資格取得をめざす学生の参考書などとして広く活用していただければ、著者としてこれにまさる喜びはない。

最後に、本書を上梓するにあたり、公衆衛生の予算の減額や市町村合併の強行によって保健所を削減、米英産ワクチンの輸入をアテにしたコロナ対策の失政を追及した前書『人生１００年時代のニュー・ライフスタイル～「新しい生活様式」を超えた医（移）・職・住～』にまさるとも劣らぬご助言とご支援をいただいた、あけび書房編集部の岡林信一氏に対し、深く感謝したい。

2023年9月

社会保障・社会福祉学者
武蔵野大学名誉教授　川村　匡由

目次

第5章　子育て崩壊…105

第6章　生活・雇用などの崩壊…120

第7章　社会保障再構築への提言…138

第1章　社会保障の概念・機能・変遷・行財政および実態

1　概念

⑴日本国憲法と「50年・95年勧告」

社会保障崩壊について述べる前に、まずその概念について触れる。社会保障とは人種や民族、宗教、言語、国籍、性別などを問わず、だれでも住み慣れた地域でいつまでも生命や財産、安全・安心な生活が確保されるべく疾病や負傷、分娩、廃疾、死亡、老齢、失業、多子、その他困窮に対し、税方式、または社会保険方式、もしくはその併用にもとづく政府の公的責任としての公助である。

周知のように、日本は天皇主権で国民はその臣民《しんみん》とされた大日本帝国憲法（明治憲法）の下、軍事・戦争国家により中国やソ連（現ロシア）、朝鮮半島、東南アジア諸国の石油などの天然資源を求めて侵略したものの、第二次世界大戦（アジア太平洋戦争）で米軍など連合国軍の反撃に遭って敗戦、１９４５年に「ポツダム宣言」を受諾して無条件降伏した。これを受け、翌１９４６年に国民主権、基本的人権の保障、平和主義を三大原則とする日本国憲法を公布、天皇を日本国および国民統合の象徴に改めるとともに、第25条で生存権の保障と国の社会保障的義務を定めた。[*1] これを受け、社会保障制度審議会（現社会保障審議会）が1950年に行った「社会保障制度に関する勧告（50年勧告）」にもとづき1961年、国民皆年金・皆保険体制が確立された。くしくも国際連合（国連）が1948年に「世界人権宣言」を制定した2年前のことであった。

日本は戦後、短期間で高度経済成長を遂げて復興、先進国の仲間入りをし、社会保障は最低限の生活保障から今後も安心して暮らしていくことができるよう政府は1995年に同審議会の「社会保障体制の再構築（95年勧告）」を受け、年金、医療、雇用、労働災害（労災）からなる社会保険、生活保護（公的扶助）、社会福祉（高齢者、障害者、児童など）[*2]、公衆衛生・医療、老人保健、恩給、戦争犠牲者援護、雇用・住宅対策を制度化した。その後、2000年に介護保険を加えたほか、2008年に老人保健を後期高齢者医療制度に変更、現在に至っているが、介護保険は要支援者・要介護者と区分されたものの、無料だった老人医療費は老人保健、高齢者医療保険制度へと見直しされて有料化され、かつ負担増に改定されるなど全体的に国民の負担増が増している（表1-1）。

社会保険（年金、医療、雇用、労災、介護）
生活保護（公的扶助）
社会福祉（高齢者、障害者、児童等）
公衆衛生・医療
後期高齢者医療制度
恩給
戦争犠牲者援護
雇用対策
住宅対策

表1-1　社会保障の概念
出典：筆者作成。

実は、この社会保障の概念はイギリスの経済学者・政治家、ベヴァリッジが労働組合会議の請願を受け、1942年に「社会保険と関連サービス」と題する報告書（ベヴァリッジ報告）のなかで示した「揺りかごから墓場まで、全国民のために」に示唆を得たものである。もっとも、社会保障の概念はそれぞれの国や地域の違い、時代の移り変わり、さらには研究者の視点によって資本主義体制の維持としての社会政策として見るか、または政府が公的責任としての公助として行う国民の生存権の保障および国の社会保障的義務としてみるかなどの違いがあったりして国際的に統一されたものはない。

また、この生存権について最高裁判所（最高裁）は1958年、食糧管理法違法事件の判決で「すべての国民が健康で文化的な最低限度の生活を営み得るよう国政を運営すべきことを国家の責務として宣言したにすぎない」とプログラム規定説を持ち出し、資本主義経済による貧富の差が拡大した19世紀後半、ヨーロッパで生まれた国民にとっての社会権を否定した。これについていて、今なお憲法・社会保障学者から批判されている。

しかも、1980年代に中曽根康弘首相はアメリカやイギリスとともに新自由（新保守）主義にもとづき政府の公的責任としての公助である社会保障を縮減、国民に自助や互助、さらに共助[*2]を必要以上に強調、以来、歴代の首相も2009年から2012年の民主党政権時代を除き、世界最速の少子高齢化に伴う自然増の社会保障給付費を抑制、以来、その傾向はますます強まっている。

(2)社会保険、社会扶助、私的扶助

ところで、一口に社会保障といっても年金や医療、介護、雇用、労働災害（労災）はいずれも社会保険であるのに対し、生活保護は公的扶助、言い換えれば社会扶助であり、社会福祉は高齢者や障害者、児童など社会的、経済的弱者や健常者の支援などに大別される。また、社会保障の目的は長い人生を送っていくうえで生じるリスク（危険度）を最小限に抑えるため、国民が被保険者として税金や社会保険料を納め、これを財源とした資金の運用によってだれでも住み慣れた地域でいつまでも生命や財産、

安心・安全な生活が確保されることにある。なかでも生活保護は疾病《しっぺい》や失業、退職などによって所得が減少、生活に困窮する世帯に対するサーカスのセーフティ・ネット（安全網）にたとえた〝セーフティ・ネット〟である。

つまり、国民が雇用に努めても住み慣れた地域で生命や財産、安全・安心な生活を確保できない場合、政府が憲法第25条の生存権の保障および国の社会保障的義務を履行すべく公助として救済するという意味とされるものである。しかし、後述するように、政府はその生活保護の申請を抑制すべく雇用保険を「第1のセーフティ・ネット」、雇用対策を「第2のセーフティ・ネット」、そして、生活保護を「第3のセーフティ・ネット」とし、働けなくなって生活ができないからといって即、生活保護を申請するのではなく、まず働いているときに納付した雇用保険からの給付への届け出を行うようにし、それが無理でも事業者も雇用者の持続的な雇用への努力を促すことが大前提であるかのように、生活保護の申請をいさめるむね恣意的な誘導を行っている。

一方、私的扶助は地域の住民の有志が生活苦の仲間への互助による事業・活動で、地方によっては今なお取り組まれている結《ゆい》や頼母子講、無尽《むじん》などに由来する。ちなみに、結とは田植えや稲刈り、屋根の葺き替えなどを一家で行うのが困難なため、隣近所の住民たちが協力して行う共同作業で鎌倉時代ごろから普及したもので、「世界遺産」の岐阜県白川村の白川郷や富山県南砺《なんと》市の五箇山集落が有名である。また、頼母子講は同時代前後から住民同士が金銭を出し合い、生活苦の住民に共済金を支給して互助に努めたり、社寺の建立や改修の資金にしたりするルールで無尽ともいう。

前述したように、政府は１９８０年代から新自由主義的改革を進めるべく、「大きな政府」から「小さな政府」へと舵を切り、旧国鉄（現日本旅客鉄道：ＪＲ）など3公社5現業の分割民営化や企業・事業者による利潤追求のシルバーサービスなど民営化を奨励、少子高齢化に伴って自然増となる社会保障給付費を抑制すべく行財政改革を断行し、1994年6月、「21世紀福祉ビジョン」のなかで2025年までの社会保障構造改革および社会福祉基礎構造改革を公表、着手して現在に至っている。

2 機能

(1)生活の安定・向上、所得の再分配、経済の安定

社会保障の機能は一般的に生活の安定・向上、所得の再分配、経済の安定の3つに大別される。

このうち、生活の安定・向上は社会保障法・社会福祉学者が強調しているもので、長い人生における病気やけがなどのリスクは医療保険で、定年退職後の老後や医療、介護、福祉のリスクは年金保険や医療保険、または後期高齢者医療制度、介護や生活保護、雇用、労災、社会福祉、子育てのリスクは介護保険や雇用・労災保険、高齢者・障害者・児童福祉などは社会福祉で対応するというものである。

これに対し、所得の再分配は経済・財政学者が重視するもので、中・高所得層から低所得層への水平的分配、または現役世代から高齢世代などへの垂直的分配とされる。ちなみに、政府は少子化対策の一つとして1946年にフランスが導入し、所得税を個人でなく、世帯単位にした結果、合計特殊出生率の引き上げに一定の効果を上げたとするN分N乗方式の導入の是非を検討しているが、この場合、高額所得者に有利なうえ、共働き世帯では減税の効果が小さくなって所得の再分配の機能を損うおそれもある。

一方、経済の安定は経済・政治学者が強調し、所得の再分配によって生活の安定・向上を図るため、自動安定装置（ビルトイン・スタビライザー）とするものだが、近年、官民や世代間、都市部と地方の格差や分断が拡大、公平化に疑惑が深まっているため、これらが本当に機能されているのか、疑問がないわ

けではない。社会保障・社会福祉学者のなかには社会保障は所詮、資本主義体制の維持にあるとする指摘もある。筆者もその一人である。

なお、このような社会保障の機能の評価に際し、所得などの分布の均等度を示す指標として世帯を所得の低い順に並べ、世帯数の累積比率を横軸、所得額の累積比率を縦軸にしてそれぞれローレンツ曲線を描き、所得の再分配の不平等さを推し量るジニ係数もある。

筆者はこれらの各説や指標を分離科学としてではなく、統合科学、さらには人間に関わるさまざまな問題の解決を多面的に考え、解決しようとする人間科学としてとらえるべきではないかと考えている。

⑵現金給付と現物給付

次に社会保障給付費の支給方法は現金給付（または金銭給付）と現物給付に大別され、前者は年金など、後者は医療や介護、子育てなどのサービスだが、場合によってはその併給もある。いずれにせよ、社会保障の給付は政府の公的責任としての公助とし、国民のニーズや時代の推移、当該する国の政治・経済・社会などに対応すべき制度・政策である。とりわけ、日本の場合、社会保障は憲法によって国民の生存権の保障および国の社会保障的義務とされているのに対し、私的扶助や民間保険、社会福祉は国民の自助や互助、共助による第二、第三義的なものにすぎない。

この点からすれば、政府は地域包括ケアシステムの構築による「地域共生社会の実現」を提唱しているが、これも基本は政府の公的責任としての公助である社会保障の充実が大前提であるべきで、社会保障給付費の縮減により国民の自助や互助、共助、さらにはシルバーサービスの利用など民営化を必要以上に強調するのは、国民への責任転嫁と関係企業・事業者への利権誘導であることに注意する必要がある。

(3)民間保険との関係

さらに、社会保険と民間保険との関係をみると、前者は被保険者が強制加入して社会保険料を負担し、疾病や失業、定年退職に伴う生活不安、さらに労災や介護などの保険事故に遭遇した場合、その財源として給付する制度であるのに対し、後者は保険事故が特定の個人に発生するかどうか、また、過去の保険事故のデータを参考にその確率を算出、大数の法則にもとづき多くの加入者が社会保険とは別に任意で保険料を負担し合い、保険事故に遭った場合、保険者（保険会社）がその資金の運用によって財源の一部を当該の保険契約者に所定の保険金を支払い、社会保険の不足分を補うものである。すなわち、民間保険は保険者と保険契約者の契約により社会保険を補完する任意の保険商品にすぎない。

それゆえ、民間保険にあっては保険者と保険契約者との間でモラル・ハザート（倫理観・信頼関係）が維持できなければそのような目的が果たせないため、運営にあたっては利得を許さず、給付・反対給付均等、保険契約者平等待遇、収支相等、保険資金運用の5つの原則にもとづいて行われることが重要である。

3　変遷

(1)海外

社会保障は1601年、イギリスのエリザベス1世の統治下で制定された救貧法が先駆的で、国民から徴収した教会税を財源に教会のある地区、すなわち、教区ごとに貧困者の救済や労働の強制、浮浪者（ホームレス：路上生活者）の処罰を目的とした救貧対策であった。もっとも、その内容は各教区に貧民監督官を配属して行ったため、「エリザベス救貧法」といわれたものの、実態は怠惰な者を徹底的に取り締まる刑罰的な処遇であった。

その後、1760年代に入ると同国ではそれまでの手工業に代わって機械が発明されたり、石炭を燃料とする蒸気機関車が出現したりして製造業が振興、世界で初の産業革命を遂げたが、これに伴い、地方の農民や商人が都市部へ集中したものの、過酷な労働条件のもと、長時間労働を強いられて貧困者が続出した。このため、スコットランド出身の経済学者、アダム・スミスは『国富論』のなかで国家の統制や介入を排除する自由放任を説いて勤労の精神を啓発するとともに貧困は個人の責任であるむねを主張、これを受け、政府は1834年、従来の救貧対策を縮減する新救貧法に改めた。

一方、ドイツはイギリスよりも遅れて1840年代、工業化によって産業革命を迎えたが、低賃金や身売りなどが社会問題となって労働運動が活発化したほか、普仏戦争後、国家統一の実現に伴う社会不安が国民の間で広がった。このため、1853年にエルバーフェルト市で市域を区分してボランティアを配置、貧困者の訪問調査や監督官による施設内外の救助を行うエルバーフェルト制度を立ち上げる。その一方、時の鉄血宰相、ビスマルクが1878年に職場での待遇に不満を抱く労働者の保護に努めるべく疾病（医療）保険や災害（労災）保険、養老老齢（年金）保険を制定、世界の社会保障の発展史上、画期的な制度となった。これがいわゆるビスマルク社会保険だが、生活苦に苦しみ政府の転覆を意図する社会主義者を取り締まる狙いもあった。

1869年にはイギリスで慈善団体の組織化による慈善組織協会（Charity Organization Society：COS）が誕生したほか、1884年に首都・ロンドン郊外の貧民街、イーストエンドにバーネット牧師の夫妻がセツルメント・ハウス「トインビー・ホール」を設立、貧困者や下級労働者との接触を通じ、その生活改善と自立・向上、地域環境の改善を働きかけるソーシャルアクション（社会改良運動）に取り組んだ。

また、1879年に社会・経済学者のウェッブ夫妻が『産業民主制論』のなかで「ナショナル・ミニマム（国家最低生活保障）」論を提唱、社会保障は政府により国民に対し最低限の生活保障などをめざすべき公助と主張した。社会学者のブースとラウントリーは19世紀末からロンドン、ヨーク両市で貧困者の生活を実態調査、貧困は個人の責任ではなく、政府の責任として国民の最低限度の生活を保障する「ナショナル・ミニマム」の充実と持続化を提起した。その後、同国では1911年に国民保険法が制定された。

ところで、社会保障の発展にとって、ロシア10月革命による「社会主義」ソビエトの成立の影響は重要である。ソビエト政権は1918年1月、人間による人間の搾取の廃止などをうたった「勤労し搾取されている人民の権利宣言」を発し、人権概念をフランス革命以来の自由権から生存権、労働基本権、社会保障といった社会権へと発展させ、ドイツのワイマール憲法（1919年）の社会権規定やILO（国際労働機関）創設などへとつながっていく。社会保障という言葉も、世界で初めて用いられることになった。ソ連とその衛星国の東方諸国は、1989年のベルリンの壁崩壊から1991年のソ連解散へと社会主義体制を崩壊させていったが、ソ連の成立から戦後冷戦対立にいたる時期まで、後述する北欧の福祉国家やアメリカのニューディールなどは資本主義体制を維持するために社会主義に対抗する戦略という側面があった。

ロシア革命の影響もあり、ドイツは1919年、社会民主主義政権下、世界で初めて国民主権や男女平等の普通選挙、所有権の義務制、生存権の保障などを規定したドイツ共和国憲法（ワイマール憲法）を制定したものの、1933年にナチズムの台頭によって瓦解した。これに対し、イギリスなどの移民によって開拓された新大陸、アメリカでは1935年にルーズベルト大統領の下、世界恐慌への対策の一つとして従来の自由放任から政府の役割を重視したニューディール政策を打ち出し、その一環として社会保障法（Social Security Act）が世界で初めて制定された。

その3年後の1938年にはニュージーランドでも同様に同法が制定されたのち、1942年に国際連盟（現国際連合・国連）の機関の一つ、国際労働機関（ILO）が公的扶助と社会保険からなる社会保障の制度化を提起した論文「社会保障への途」を発表した。これを受け、イギリスで示された「社会保険および関連サービス（ベヴァリッジ報告）」にある窮乏、疾病、無知、不潔、怠惰という「5つの巨人悪」に解決のために、各国政府にはすべての国民を対象とした健康、失業、年金各保険などを整備すべきむね提起、第二次世界大戦（ヨーロッパ戦争）前後の1943年から年1946年に、業務災害（労災）、国民（失業）両保険を制定された。

フランスでは1945年、社会保障学者・行政官ラロックが「社会保障の組織に関する計画（ラロック・プラン）」を発表、完全雇用および不足する賃金は社会保障で補うむねを主張し、国際連盟を改組した国連が1948年に「世界人権宣言」、また、ILO（国際労働機関）が1952年に「社会保障の最低基準に関する条約（第107号条約）」を採択、今日のスウェーデンなど北欧での福祉国家の建設に大きな示唆を与えた。

現に、翌1953年、オーストリアで開催された世界労働組合連盟（WFTU）のオーストリア・ウィーンでのウィーン国際社会保障会議で「真の社会保障は自己の労働によって生活するすべての人間とその家族ならびに一時的、もしくは恒久的に労働し得ない者に対し、法律が保障する基本的な社会的権利とみなさなければならない」とする「社会保障綱領」が採択された。

このようななか、デンマークの行政官バンクミケルセンは1959年、障害者も障害のない人々と同じ生活条件をつくるべくノーマライゼーション（常態化）の理念の必要性を説き、同国をはじめ各国に多大な示唆を与えた。また、1961年にソ連のモスクワでの世界労働組合大会で「社会保障憲章」、

1982年にキューバでの同大会で労働者の権利の保障を推進した「新・社会保障憲章」、また、1800年代後半、国民の1割弱がアメリカに移民したかつての北欧の貧国スウェーデンは同国の少子高齢化を予測、国をあげて社会保障の拡充に努めるため、1913年に制度化した年金保険法を1999年に国民年金と老齢、障害、家族年金など付加年金からなる2階建て年金に改革した。さらに、1974年に世界で初めて児童手当の受給や育児休業の取得を保障する両親保険なども創設、「高福祉・高負担」の社会保障を制度化した。

しかし、イギリスのサッチャー保守党政権は1979年に誕生するや国民の「英国病」に代表される社会保障への過度な負担に伴う財政危機を回避するという名目で、「揺り籠《かご》から墓場まで、全国民のために」とする伝統的な福祉国家の「大きな政府」からサッチャリズムを提唱し、そして、国から地方への権限移譲および民営化を図る新自由主義にもとづく行財政改革による「小さな政府」へ、すなわち、福祉国家から「福祉社会」への転換を断行した。国民の生命や財産、安全・安心な生活を保障する「大きな政府」のスウェーデンなど社会民主主義体制の北欧とは異なり、イギリスと同様、資本主義体制のアメリカや日本もこれに追従、中曽根政権以降、歴代の自民党および自公政権も新自由主義にもとづく「小さな政府」の福祉社会をめざすことになり、今日に至っている。

一方、中国は伝統的に親孝行が美徳とされ、憲法に「扶養扶助」を規定するなど老親への子どもの介護などを義務づけている。また、社区（町内）に居民委員会（自治会）を組織化、住民の互助によって高齢者を支援しているが、近年、都市化によって都市部、地方とも脆弱になりつつあるため、1996年10月に成立、施行した高齢者権益保障法を2012年12月に改正、老親と離れて生活している子どもは定期的に実家に帰省、物心両面で親孝行をするむね規定された。2025年、介護保険の導入を検討しているが、基本は在宅介護である。60歳以上の高齢者は2015年現在、2億人と桁外れに多い。しかも、平均寿命は77・4歳、高齢化率も13・5％と低いものの、「一人っ子政策」のひずみで合計特殊出生率は1・3にとどまっているため、少子高齢化の加速が予測されている。

なお、デンマークの社会学者アンデルセンは1990年に、市場の役割を重視するアメリカやイギリスなどの新自由主義、国家の役割を重視するスウェーデンなど北欧の社会民主主義、ドイツやイタリアなど家族の役割を重視する保守主義、家族の役割を重視する日本や東南アジア諸国などの家族主義からなるむね「福祉レジーム論」を説いたが、2010年に日本を追い越しGDP世界第2位となった中国など社会主義体制による社会保障の現状は限られた情報のため、詳細は不明とはいうものの、この点は忘れてはならない。

そこへ2020年12月、中国・武漢市で新型コロナが発症、瞬く間にパンデミック（世界的大流行）となったが、日本をはじめ各国がワクチンの接種や外出の自粛、マスクの着用などで対応した結果、2023年9月、各国とも収束へと向かいつつあるとして社会経済対策を再開している。もっとも、新たに季節性インフルエンザやRCウイルス感染症、後天性免疫不全症候群（エイズ）、風疹などの5類なる感染症も発生、新型コロナの感染爆発のおそれもあり、油断は禁物である。

⑵日本

日本の社会保障は、大化の改新を遂げた聖徳太子による悲田院など貧窮病者の収容施設、また、飛鳥から奈良時代にかけ、仏教徒、行基による各地の布施屋、すなわち、旅人の一次救護施設や宿泊所などの運営、さらに、701年、大宝律令による戸令で村里や鰥寡《かんか》、すなわち、老いて妻のない夫や夫のない妻、みなし子、孤独、貧窮、老疾の者、行旅病人（死亡・身元不明の旅人）を保護したのがルーツである。その後、平安から室町時代にかけ、仏教徒やキリシタンによる救済活動を経て、江戸時代、幕府の命令を受けた各藩の領主によって組織された隣保組織、五人組による治安維持および豪農の村役人、名主（庄屋）による御救《おすくい》小屋や御救米など災害時の避難所の開設や非常食の備蓄、給付が行われた。

しかし、これらの制度は所詮、朝廷や幕府による公的責任としての扶助（公助）ではなかったため、民間の篤志家などによる自助や互助が大きな役割となった。政府の公的責任としての公助による社会保障は１８７４年、明治政府による恤救《じゅっきゅう》規則[*4]がそのはしりだが、その対象は極貧や70歳以上の高齢者ときわめて限定的なものだった。その後、明治政府はイギリスの示唆を受け、富国強兵や殖産興業によって近代国家の建設をめざし、翌１８７５年に軍人やその遺族に対する海軍退隠令、１８７６年に陸軍恩給令、１８８４年に国家国務を担当・執行する官吏[*5]を対象とる恩給令を制定後、１８８９年に天皇を国家元首（主権）、国民をその臣民とする大日本帝国憲法（明治憲法）を公布、１９２３年に恩給法へと発展させる。日清戦争に続く日露戦争および第一次世界大戦（ヨーロッパ戦争）に参戦、中国やロシアに勝利して戦争景気にわいた。

他方、１８９１年にアメリカの宣教師アダムスは岡山市（現同市中区）に岡山博愛会、１８９７年に社会事業家の片山潜は東京市神田区三崎町（同東京都千代田区神田三崎町）にキングスレー・ホール（館）をそれぞれ設立するなど、各地でセツルメント・ハウスが設置され、篤志家や住民のボランティアによるセツルメント運動が取り組まれることになった。その後、政府は１９２９年に救護法を制度化、65歳以上の老衰者や13歳以下の幼者、妊産婦、不具廃疾（障害）、傷痍《しょうい》（けがや負傷）、その他身体障害や精神障害により業務の遂行が著しく困難な者を対象に居宅（在宅）での救護、または養老院や孤児院、病院への収容などで支援に乗り出した。また、自治体レベルでは１９１７年、前述したドイツのエルバーフェルト制度を参考に岡山県に「済世顧問」制度が創設され、翌１０１８年、大阪府に「方面委員」制度がそれぞれ配置され、今日の民生委員・児童委員制度の前身となった。

一方、これと相前後して各地で自給米の枯渇や現金収入の減少、物価の高騰に対し米〝騒動〟や、完全雇用と労働者保護を求める労働運動が頻発した。

この時期、政府は1922年に健康保険法、1929年に救護法（同生活保護法）、41年に労働者年金保険法（同厚生年金保険法）を制定した。その後、日本は石油などの天然資源の獲得のため、東南アジア各国を侵略すべく第二次世界大戦に突入、翌42年に軍事救護法（1937年、軍事扶助法に改称）や母子保護法、医療保護法を制定した。

しかし、先述したように、アメリカ軍など連合国軍の反撃で沖縄戦や東京大空襲、ヒロシマ、ナガサキでの被爆によって本土が焦土と化し、「ポツダム宣言」を受諾、無条件降伏して敗戦した。

これを受け、1945年にGHQ（連合国軍最高司令官総司令部）から発せられた「SCANPIN404号：救済並びに福祉計画に関する件（覚書）」および翌1946年の「同775号：社会救済」にのっとり、国民主権、基本的人権の尊重、平和主義の三大原則からなる日本国憲法を公布、同法第25条に国民の生存権の保障および国の社会保障的義務を定め、その履行のため、社会保障制度審議会が1950年に行った「社会保障制度に関する勧告（50年勧告）」を受け、1961年には自由・自営業者を強制加入、主婦を任意加入とした国民年金や国民健康保険（国保）などを制度化、国民皆年金・皆保険体制を確立し、新生日本として歩み出した。また、これと相前後し、生活保護法、児童福祉法、母子及び寡婦福祉法（現母子及び寡婦並びに父子福祉法）からなる福祉三法、さらにこれに老人福祉法、身体障害者福祉法、精神薄弱者福祉法[*6]（同知的障害者福祉法）を加えた福祉六法および社会福祉事業法（同社会福祉法）を整備した。

1950年代から1970年代前半には高度経済成長を遂げ、その果実を生かすべく1973年を「福祉元年」と位置づけ、老人医療費の無料化や高額療養費制度の導入が行われたが、世界的なオイル・

ショックに伴う経済的な破綻《はたん》に陥って景気が低迷、税金や社会保険料の歳入が急減した。このため、中曽根首相は前述のとおり、イギリスのサッチャー首相、アメリカのレーガン大統領とともに新自由主義にもとづく行財政改革を断行した。社会保障については１９８１年、社会保障長期計画懇談会が１９７５年に出した「今後の社会保障のあり方について」を受け、第二次臨時行政調査会（第二臨調）を設置、「活力ある福祉社会の実現」を提唱した。

さらに政府は、生活保護〝適正化〟[*6]政策をすすめるとともに、１９８２年に老人保健法を制定し老人医療費の無料化を有料化に改めた。そして、幾度かの医療費の自己負担増が行われた末、医療費の原則１割負担に改めたほか、２００８年に「高齢者の医療の確保に関する法律（高齢者医療確保法）」を制定、75歳以上の後期高齢者医療制度を施行、医療費１割から３割を自己負担とした。

年金については１９８５年に20歳以上のすべての国民が国民年金に強制加入し、共通の基礎年金を受けるほか、会社員は厚生年金と国家・地方公務員、私立学校（私学）教職員は共済年金に二重加入する「２階建て年金」の改革に踏み切った。また、１９８９年に「高齢者保健福祉推進10か年戦略（ゴールドプラン）」を発表し、翌１９９０年、老人福祉法等社会福祉八法を〝改正〟、措置制度から契約制度に転換すべく施設福祉から在宅福祉、さらには地域福祉やシルバーサービスを推進、民営化に丸投げすることになった。

このほか、高齢社会福祉ビジョン懇談会が１９９４年にまとめた「21世紀福祉ビジョン」を受け、翌１９９５年、「長寿社会対策大綱」を閣議決定、年金・医療重視型であった社会保障を福祉・介護重視型へと移行、２０００年に介護保険、03年に障害者を対象とした支援費制度を導入後、２００６年に障害者自立支援法、２０１２年に障害者総合支援法の改定へと進めた。また、地方への補助金約４兆円を削減する「三位一体の改革」[*7]に踏み切る一方、社会保障給付費を約１兆１０００億円カットするため、

２００７年以降は毎年度、少子高齢化に伴う自然増の社会保障給付費を約２２００億円に抑制した。半面、基礎年金（国民年金）の国庫負担を3分の1から2分の1に引き上げた。

さらに、１９９６年に時の橋本龍太郎首相は社会保障構造改革など「政府6大改革」を表明、「大きな政府」から「小さな政府」をめざすべく国から地方への権限移譲による政府の公助の縮小や国民の自助や互助、民間活力（民活）導入を促した。その後、自公政権から交代した民主党政権は２００９年、スウェーデンやフランス、スイスにならい、月額7万円の最低保障年金や1人あたり年額31万２０００円の子ども手当、国・公立高校の授業料無償化、農家の戸別所得補償、高速道路の無料化、約３兆円の財源カットなどをマニフェスト（政権公約）に掲げたが、財源カットは同６８００億円にとどまり、最低保障年金などの公約はほとんど実現できなかった。

民主党政権は、２０１１年3月の東日本大震災（東北地方太平洋沖地震）および東京電力福島第一原子力発電所事故の対応のまずさ、長年にわたる災害対策の不全や原発業界、大手ゼネコン（総合建設業者）との癒着による自民党および自公政権の失政のツケ、さらに、翌２０１２年の「社会保障と税の一体改革」による14年までの消費税５％から８％への引き上げを決めたことなどで、同年12月の衆議院解散・総選挙で大敗、自公政権が復活した。

２０１６年、安倍晋三元首相は従来の住民基本台帳住基ネットワークシステム（住基ネット）や電子政府に代わる社会保障・税番号制度を創設した[9]。また、２０１５年10月に共済年金の厚生年金への統合、翌16年、「地域共生社会の実現」を名目に市町村主導の地域包括ケアシステムの構築を進め、さらに消費税を８％から10％に引き上げするとともに、老齢厚生年金の71歳から75歳への繰り下げ支給を導入し、後期高齢者医療制度保険料の窓口負担を1割から3割に引き上げた。現在の岸田文雄政権は「21世紀型日本モデル」として、人生１００年時代に応じた「全世代型社会保障」の実現をめざすとしている

（図1‐1）。

しかし、社会保障給付費の自然増に大きな影響を与える少子高齢化は今後さらに進み、２０５０年以降、高齢化率は38・８％に上昇するのに対し、[*9]合計特殊出生率は１・30台にとどまる見込みのため、２０２３年１月現在、約１億２２４２万人という総人口は同１億人台に減少する情勢である（図１‐２）。しかも、厚労省によると、認知症高齢者は年々増加しており、すべての団塊世代が75歳以上になる２０２５年には約７００万人と国民の５人に１人の割合になるほか、18歳から64歳の若年認知症も同３万６０００人との推計もある。加えて、１９９１年のバブル崩壊以降、長引く円高・デフレ不況によって失業者が急増、その後30年経っても賃上げが横ばいのままのため「失われた30年」といわれているなか、コロナショックに伴う物価高騰や円安・ドル高が新たに加わり、現在に至っている。

国税庁によると、民間企業で働く会社員の年収は２０２２年現在、平均４５８万円と前年比27％増など２年連続で増加しており、このうち、男性は５６３万円と同25％増に対し、女性は同３１４万円と３・９％増となったが、パートタイマー（パート）やアルバイトなど正社員以外は同２０１万円にとどまっている。しかも、厚労省によると、雇用者の約４割はパートやアルバイト、契約社員、フリーランス（個人事業主）などの非正規で、高齢者は全体の４人に１人が定年後も就業している。

また、東京一極集中が加速化するとともに都市部郊外の団地が老朽化し、かつ住民の高齢化によって限界団地化する[*11]一方、地方は過疎化が進んで限界集落が急増、空き家が目立つようになっており、倒壊や犯罪の温床、また、住民税や固定資産税の未徴収など保健・医療・福祉の基盤が脆弱化し、格差と貧困が拡大している。

他方、本来、社会保障の財源として導入したはずの消費税[*12]など税金の大半は対米従属による防衛（軍事）費や新幹線、高速道路、地方空港など土建型公共事業に浪費され、かつその都度発行されている赤

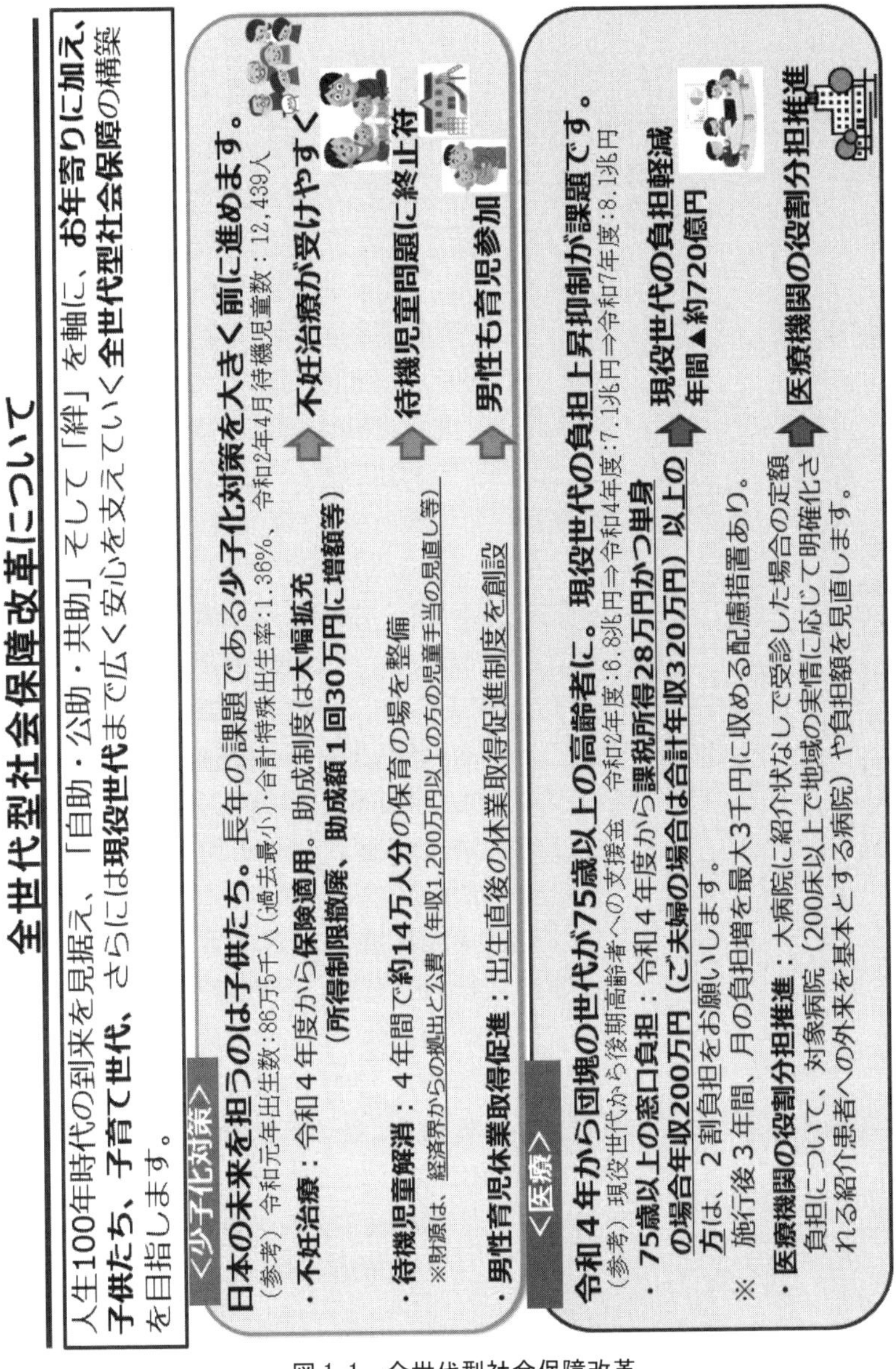
全世代型社会保障改革について
人生100年時代の到来を見据え、「自助・公助・共助」そして「絆」を軸に、お年寄りに加え、子供たち、子育て世代、さらには現役世代まで広く安心を支えていく全世代型社会保障の構築を目指します。
<少子化対策>
日本の未来を担うのは子供たち。長年の課題である少子化対策を大きく前に進めます。

（参考）令和元年出生数:86万5千人（過去最小）・合計特殊出生率:1.36%、令和2年4月待機児童数：12,439人
・不妊治療：令和４年度から保険適用。助成制度は大幅拡充（所得制限撤廃、助成額１回30万円に増額等）
不妊治療が受けやすく
・待機児童解消：４年間で約14万人分の保育の場を整備
※財源は、経済界からの拠出と公費（年収1,200万円以上の方の児童手当の見直し等）
待機児童問題に終止符
・男性育児休業取得促進：出生直後の休業取得促進制度を創設
男性も育児参加
<医療>
令和４年から団塊の世代が75歳以上の高齢者に。現役世代の負担上昇抑制が課題です。

（参考）現役世代から後期高齢者への支援金　令和2年度:6.8兆円⇒令和4年度:7.1兆円⇒令和7年度:8.1兆円
・75歳以上の窓口負担：令和４年度から課税所得28万円かつ単身の場合年収200万円（ご夫婦の場合は合計年収320万円）以上の方は、２割負担をお願いします。
※　施行後３年間、月の負担増を最大3千円に収める配慮措置あり。
現役世代の負担軽減
年間▲約720億円
・医療機関の役割分担推進：大病院に紹介状なしで受診した場合の定額負担について、対象病院（200床以上で地域の実情に応じて明確化される紹介患者への外来を基本とする病院）や負担額を見直します。
医療機関の役割分担推進

図 1-1　全世代型社会保障改革

出典：厚生労働省 HP、2022 年 5 月 5 日アクセス。

（注）「公序」は公助の誤字。

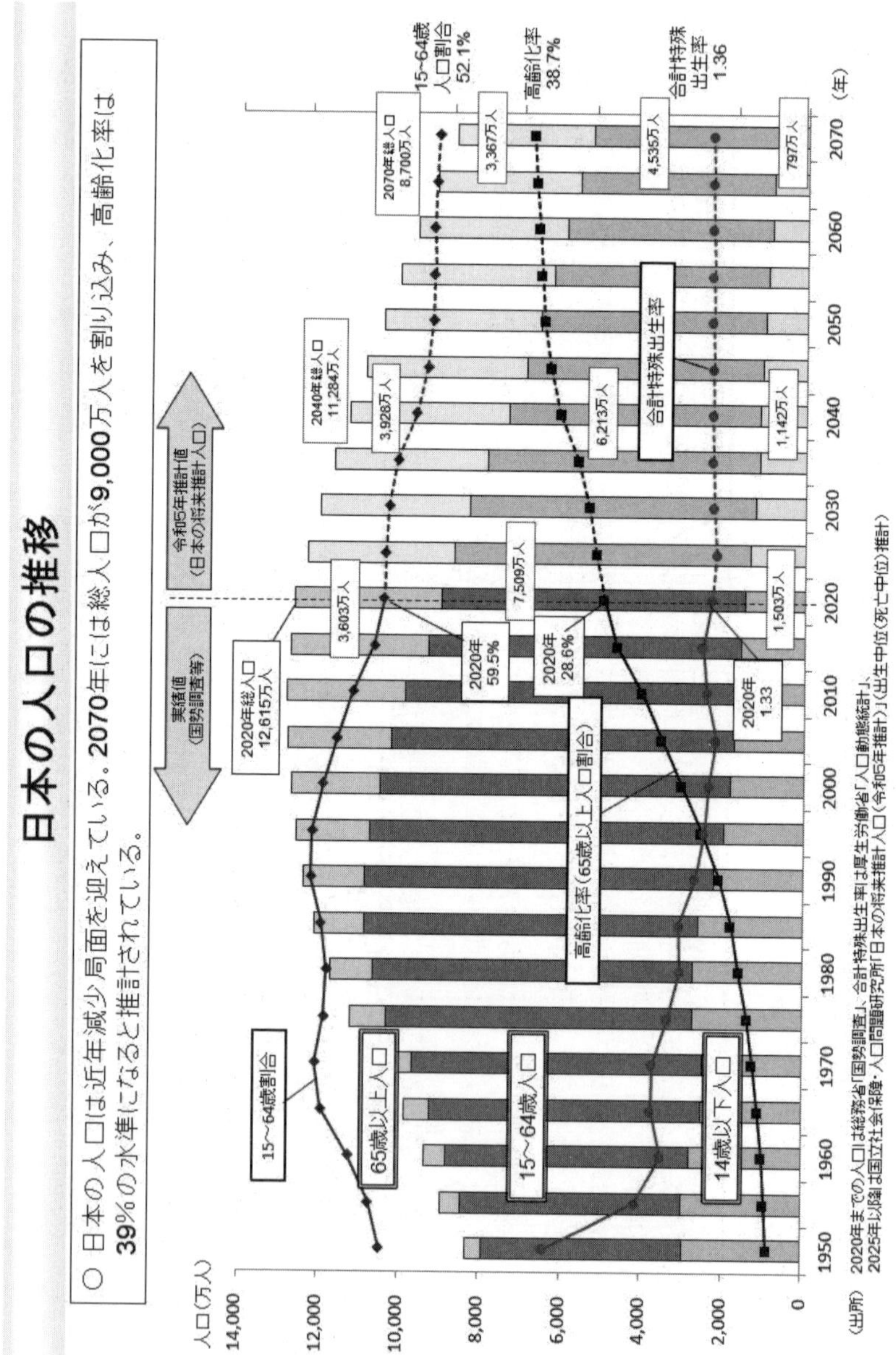

（出所） 2020年までの人口は総務省「国勢調査」、合計特殊出生率は厚生労働省「人口動態統計」、
2025年以降は国立社会保障・人口問題研究所「日本の将来推計人口（令和5年推計）」（出生中位（死亡中位）推計）

図 1-2　日本の人口の推移

出典：厚生労働省 HP、2023 年 6 月 1 日アクセス。

字国債の返済などに充てられているほか、コロナショックや円安、ロシアのウクライナ侵略に伴う液化天然ガス（ＬＮＧ）などエネルギー価格の高騰に伴い、２０２３年８月の消費者物価指数は値動きが大きい生鮮食品を除き、１０５・７と前年同月よりも３・１％上昇と12か月連続で上昇、家計の負担増や実質賃金の低下が常態化している。加えて、２０２１年９月にデジタル庁が発足し、政府は改正マイナンバー法で２０２４年秋に、原稿の健康保険証を廃止してマイナンバー保険証に一本化し、年金受給口座とのひもづけをすることを決めたが、２０２３年７月４日までに公金受け取り口座に別人の口座が登録されるなど計９４０件が発生、全国知事会が自治体への費用や作業の過度の負担をかけないよう申し入れるなど信頼性が揺らいでいる。このため、内閣府外局の個人情報保護委員会は同月、立ち入り検査することになった。

　このようななか、国連は２０１５年、日本など１７０か国・地域が２０３０年までに貧困の除去や飢餓のゼロ、すべての人に健康と福祉など15のＳＤＧｓ（持続可能な開発目標）を発表した（表１－２）が、日本は平均寿命の延伸や少子高齢化にともなって社会保障給付費が自然増によって年々膨れ上がっており、すべての団塊世代が75歳以上となる２０２５年および本格的な少子高齢社会および人口減少となる２０６５年を前に年金、医療、介護、子育てなどの財政が逼迫するのは

表 1-2 「SDGs」の概要

1．貧困をなくそう
2．飢餓をゼロに
3．すべての人に健康と福祉を
4．質の高い教育をみんなに
5．ジェンダー（性差）平等の実現
6．安全な水とトイレを世界中に
7．エネルギーをみんなに。そして、クリーンに
8．働きがいも経済成長も
9．産業と技術革新の基盤をつくろう
10．人や国の不平等をなくそう
11．住み続けられるまちづくりを
12．つくる責任、使う責任
13．気候変動に具体的な対策を
14．海の豊かさを守ろう
15．陸の豊かさも守ろう
16．平和と公正をすべての人に
17．パートナーシップで目標を達成しよう

出典：国際連合広報センター HP、2022 年 12 月 1 日アクセスを基に筆者作成。

1965年、アメリカ・メディケイド	1963年、福祉六法
ベトナム戦争（～1975年）	
1966年、同・メディケア	
1968年、デンマーク、マイナンバー制度導入	1970年、高齢化率7%
1973～1975年、石油危機	1973年、石油危機、「福祉元年」
1974年、スウェーデン、両親保険	
1975年、同メディケア	
1979年、イギリス・サッチャー「小さな政府」	
1980年代、欧州「ソーシャルインクルージョン」	1980年代、「日本型福祉社会」
1982年、スウェーデン・社会サービス法	1982年、老人保健法
ILO「新社会保障憲章」	1985年、生活保護「適正化」
	1986年、年金改革（基礎年金）
	1989年、消費税（3%）導入
1990年、デンマーク、	1990年、「1.57ショック」
アンデルセン「福祉レジーム論」	
1990年、イギリス・コミュニティ改革	1991年、バブル崩壊
1992年、スウェーデン・エーデル改革	
1994年、ドイツ・介護保険法	1994年、高齢化率14%超
	「21世紀福祉ビジョン」
	1995年、「95年勧告」
1996年10月、中国・高齢者権益保障法を成立	1996年、政府６大改革（社会保障構造改革）
2013年12月改正、親孝行を拡充	
1997年、イギリス・T・ブレア「第三の道」	1997年、消費税5%、介護保険法
	1998年、感染症法
1999年、スウェーデン・二階建て年金	2001年、厚生労働省
2007～2010年、リーマンショック	
2008年、韓国・老人長期療養保険（介護保険）法	2008年、後期高齢者医療制度
2010年、中国・ＧＤＰ世界第2位	2009年、民主党政権に交代
	2011年、自公政権が復活
	2012年、「社会保障と税の一体改革」
	2013～2022年度、「健康日本21」
	2014年、消費税8%
2015年、国連：ＳＤＧｓ（持続可能開発目標）	2015年、共済年金の厚生年金統合
2016年、中国・一人っ子政策廃止	2016年、地域包括ケアシステムの構築による
2016年、ドイツ・フレキシ年金	地域共生社会の実現
スイス・ベーシックインカム（BI）導入国民投票	2019年、消費税10%（酒類・外食以外の飲食料
	・週2回以上発行新聞購読料8%軽減）
	「全世代対応型社会保障」提唱
2020年、新型コロナ・パンディミック	2021年、全世代型社会保障改革
	2022年、老齢年金の71～75歳支給引き上げ
	後期高齢者医療制度保険料の窓口負担1
	～2割引き上げ、合計特殊出生率1.26
	高齢化率29.0%
	2023年、LGBT理解増進法制定
	2024年秋、マイナンバー制度（マイナンバーカ
	ード）の導入、看護師への医療業務移
	管（タスク・シフト）
	2025年、「21世紀型日本モデル」
	2065年、本格的な少子高齢社会・人口減少

出典：筆者作成。

表 1-3　社会保障の変遷

	574年、悲田院
	680年ごろ、布施屋
	701年、仏教徒・キリシタン救済活動
1601年、イギリス・救貧法	1600年代、五人組、御救小屋など
1760～1830年、イギリス・産業革命	
1776年、同・アダム・スミス『国富論』	
1789～99年、フランス革命	
1883～1889年、ドイツ・ビスマルク社会保険法	
1834年、イギリス・新救貧法 1853年、	1868年、明治維新 1874年、恤救規則
ドイツ・エルバーフェルト制度	
1869年、イギリス・慈善組織化協会	1875年、海軍退隠令
1878年、ドイツ・ビスマルク社会保険	1876年、陸軍恩給令
1889年、イギリス・ブース・ラウントリー	1884年、セツルメント運動
「貧困調査」	1884年、恩給令
1897年、イギリス・ウェッブ夫妻	1891年、アダムス・岡山博愛会
「ナショナルミニマム」	
1897年、片山潜・キングスレーホール	
1899～1950年、同ラウントリー「貧困調査」	
1891年、同・労働者年金保険法	
1913年、同・職員年金法、	1908～11年、同・老齢年金法・国民保険法
スウェーデン・年金保険法	
1914～1919年、第一次世界大戦	1917年、内務省設置
1917年、ロシア革命	1918年、米騒動・大正デモクラシー
	1922年、健康保険法
	1923年、恩給法
1929年、世界恐慌	1929年、救護法
1935年、アメリカ・ルーズベルト	
「ニューデイール政策（社会保障法）」	
1937年、同・老齢・遺族・傷害保険法	1937年、日中戦争
1938年、ニュージーランド・社会保障法	
1939～1945年、第二次世界大戦	1941年、労働者年金保険法
1942年、イギリス「ベヴァリッジ報告」	
健康保険、失業 保険、年金保険法	
1943～1947年、同・業務災害（労災）保険法、	
国民（失 業）保険法	
1945年、フランス「ラロックプラン」年金保険法	1945年、GHQ「SCANPIN404号」
1946年、イギリス・国民保健サービス法	1946年、同「同775号」
・国民保健法	1947年、内務省廃止・厚生省設置
世界保健機関（WHO）憲章	
「ウェルビーイング」	
1948年、同国民扶助法、国連「世界人権宣言」	
1949年、フランス・国民年金法	1949年、福祉三法 1950年、「50年勧告」
	（国民皆年金・皆保険体制）
1952年、ＩＬＯ・社会保障の最低基準に関する条	1951年、社会福祉事業法
約（第102号）	
1953年、国際社会保障会議「社会保障綱領」	
オーストラ リア・国民保健法	
1959年、デンマーク・ミケルセン	
「ノーマライゼ―ショ ン」	
1961年、世界労働組合大会「社会保障憲章」	1961年、国民年金法・医療保険法など
	（国民皆年金・皆保険体制）

目に見えており、予断を許さない情勢である（表1 - 3）。

4　行財政

(1)実施体制

なお、社会保障の行財政は三権分立、すなわち、立法、行政、司法の独立のもと、内閣が必要と思われる制度・政策の法案や改正案を厚労省など各省庁の予算案と合わせて国会に提出、審議して可決、成立されたのちに実施されている。

具体的には、国民年金と厚生年金は厚労省および特殊法人日本年金機構、年金事務所、共済組合は国家・地方公務員共済組合（公務員共済）、私学教職員共済事業団（私学共済）、恩給は同省および都道府県、市町村、戦争犠牲者援護は政府・厚労省および都道府県、市町村が担っている。

また、健康保険（健保）は同省および全国健康保険協会（協会けんぽ・健保組合）、保険医療機関、保険調剤薬局、国民健康保険（国保）は同省および市町村、国民健康保険組合（国保組合）、保険医療機関、保険調剤薬局、雇用保険は同省および公共職業安定所（ハローワーク）、労災保険は同省および労働基準監督署（労基署）、生活保護は同省および都道府県、市・郡部福祉事務所、公衆衛生および医療・後期高齢者医療制度は同省および都道府県、市町村、介護保険は同省および市町村、もしくは都道府県広域連合、地域包括支援センター、社会福祉法人、特定非営利活動法人（ＮＰＯ）など、生活保護や社会福祉は同省および都道府県と市町村、社会福祉法人、ＮＰＯ、社会福祉協議会（社協）、福祉施設・事業所、住宅対策や雇用対策は同省および都道府県や市 町村、独立行政法人都市再生機構（ＵＲ）が所管している。

⑵審査請求と再審査請求

一方、社会保険診療報酬支払基金および国民健康保険団体連合会（国保連）は、第三者機関として保険者（組合員）の保険医療機関や保険調剤薬局の診断、治療、入院、療養、介護、処方、投薬について正当な診療報酬や調剤報酬の請求や審査、支払い事務を行っている。このため、これらの処理が違法、あるいは不当と思われた場合、被保険者およびその被扶養家族（配偶者）は審査請求できる。

また、その処分が不満な場合、処分を知った60日以内に各都道府県の社会保険審査官に不服申し立てをすることができる。さらに、この決定に不服がある場合、審査決定書の交付を受けた日から60日以内に同省の社会保険審査会に再審査を請求することができる。この再審査請求を受け、却下、容認、棄却のいずれか採決されるが、その結果になお不服の場合、最寄りの地方裁判所（地裁）に行政不服審査、または行政事件訴訟を起こすことができる。

⑶社会保障構造改革と「地域共生社会の実現」

ところで、社会保障の充実に大きな影響を及ぼす高齢化率だが、７％から14％に到達した所要年数はスウェーデンが82年、フランスが１１４年かかったのに対し、日本はわずかに24年という超スピードぶりで、年金や医療、介護を中心とした社会保障給付費の負担が過重となり、社会保障構造改革を断行する結果となった。もっとも前述したように、少子高齢化は今後さらに進み、総人口そのものも約４割減少、２０６５年には本格的な少子高齢社会および人口減少、さらには全市町村の約半分は過疎自治体になる見込みである（前出・図１‐１）。

それだけではない。平均寿命はさらに延び、人生１００年時代[*13]を迎えている半面、合計特殊出生率は

1・30台を推移しており、このままでは2070年の総人口は8700万人まで減少、うち外国人は約1割に達すると推計されている。また、すべての団塊世代が後期高齢者となる2025年、社会保障給付費は総額約141兆円と国民所得の26・1%を占めるおそれもある。

そこで、政府は住まいや医療、介護、生活支援が一体となって必要なサービスが日常生活圏域（中学校通学区域：中学校区）に整備されつつある地域包括支援センターを中心に当該地域の実情に応じ、医療・介護・予防・住まい・各種生活支援が確保されるむねの地域包括ケアシステムの構築により「地域共生社会の実現」をめざしているワケである。

5　実態の概要

(1)社会保障給付費の抑制

最後に、その実態の概要として国家予算を見ると、2023年度の一般会計の歳出は総額約114兆3812億円と毎年100兆円超で、うち社会保障給付費は36兆8889億円と全体の約3分の1、また、対GDP比同23%と過去最大で年金、医療、介護がその大半を占めているが、少子高齢化などに伴う自然増を毎年約2000億円抑制されている。また、全体の3分の1は公債金、すなわち、赤字国債の発行という世界最悪の〝借金大国〟となっている。

また、この社会保障給付費は2018年度、約121兆3000億円と対GDP比21・5%のところ、厚労省の予測では、すべての団塊世代が75歳以上の後期高齢者となる2025年度は約140兆2000億円から140兆6000億円と同21・7%から21・88%、2040年度には約188兆200

図 1-3　2023 年度予算に占める社会保障給付費

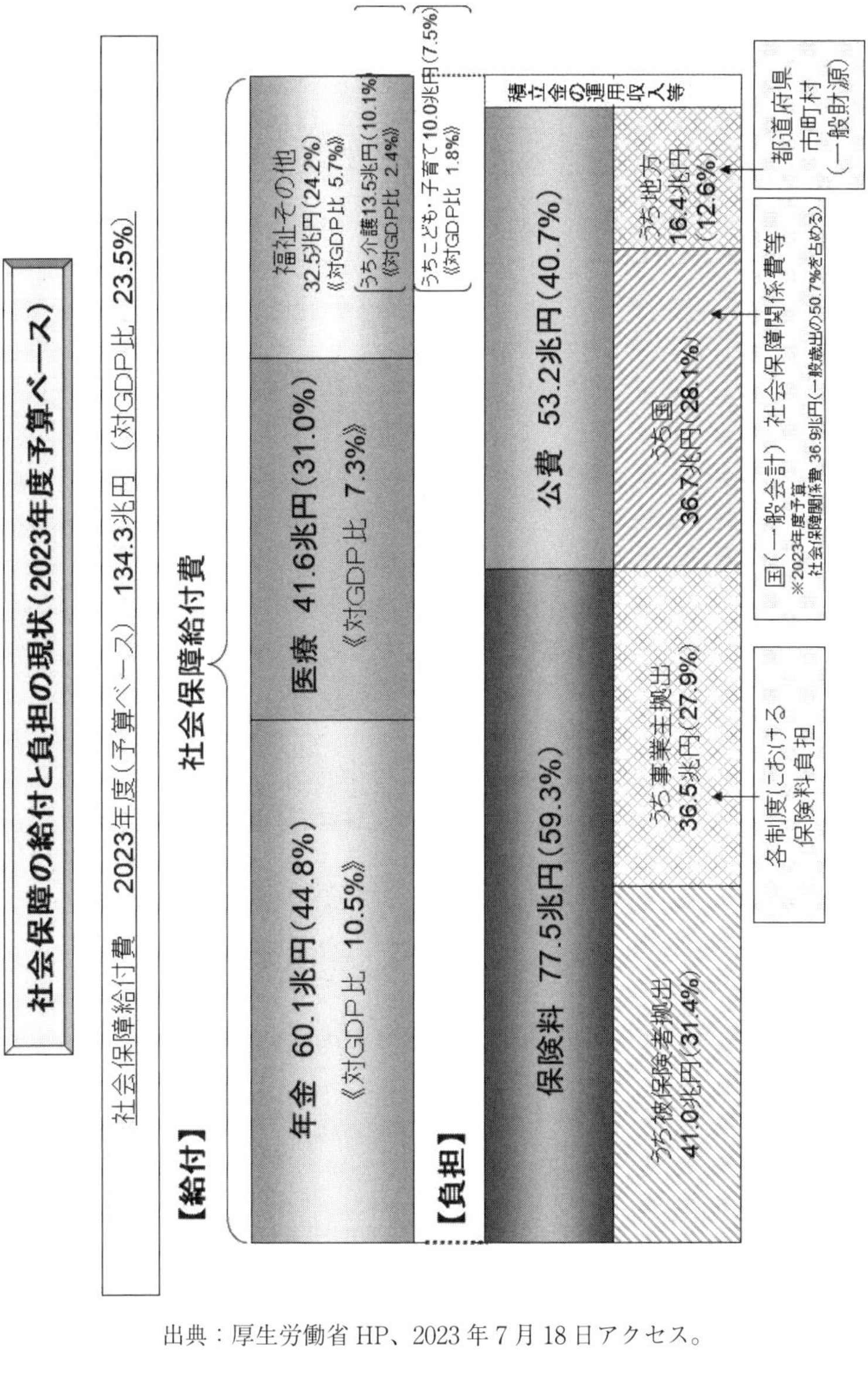

出典：厚生労働省 HP、2023 年 7 月 18 日アクセス。

図１-４　2040年に向けた医療福祉分野の就業者数のシミュレーション

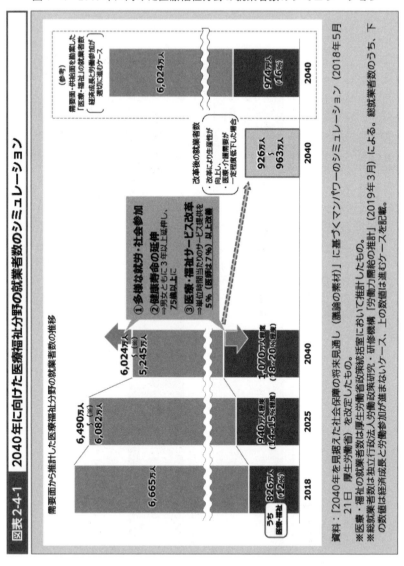

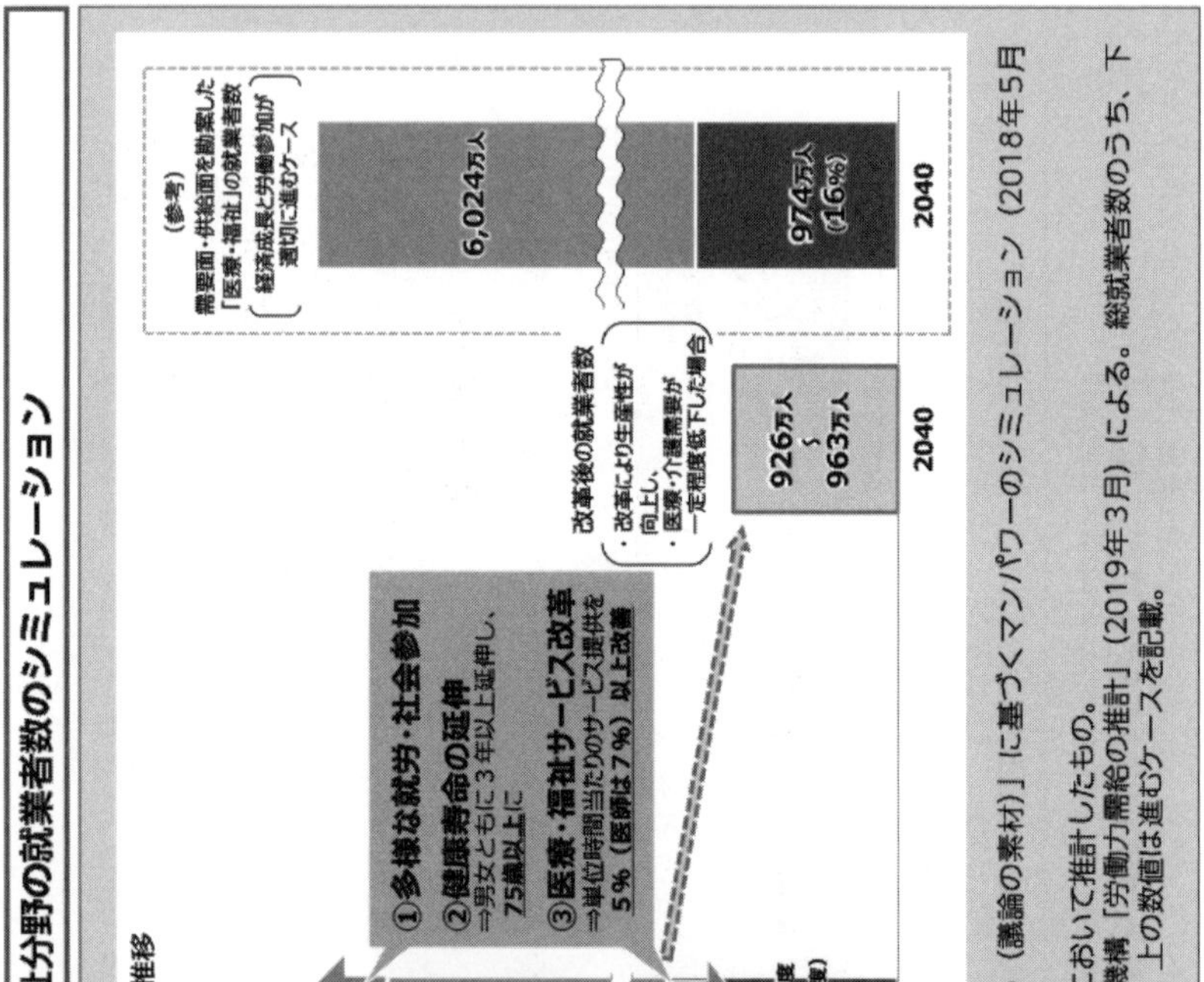

出典：財務省ＨＰ「2040に向けた医療福祉分野の就業者数のシミュレーション」2022年４月７日アクセス。

0億円から190兆円と同23・8％から24・0％になる見通しである（図1・3）。しかし、このような政府の予測については、現在の社会保障を取り巻く経済状況や今後の人口動態の推計を根拠に国民にさらなる危機感を与え、社会保障給付費の抑制を今後、一層強めざるを得ない見通しを示す点は恣意的な世論誘導のそしりもあり、要注意である

ところが、自民党に毎年、多額の政治献金などを渡し、会長が〝財界総理〟と揶揄《やゆ》されている大企業を中心に構成される日本経済団体連合会（経団連）は2012年に現在10％の消費税を2025年までに19％に引き上げる一方、現行の法人実効率30・62％を25％に引き下げるよう政府に提言している。半面、1989年4月に社会保障給付費の財源を名目に導入されたはずの消費税税収のほとんどは土建型公共事業の整備など財界企業の利権に使われている一方、2022年5月現在、約466兆円（金融・保険業を除く）に上る内部留保の放出や従業員の賃金の大幅な引き上げにはきわめて消極的である。

このようななか、政府は小規模な個人事業者を対象に消費税額を取引先に正確に伝えるべくインボイス制度（適格請求書）を2023年10月に制度化、税負担増か、それとも受注減かで悩ませている。また、岸田文雄首相は同年6月、高齢者を中心とした現金や預貯金など総額約2023兆円に上る〝タンス預金〟に目につけ、これらを株式や債券などに投じさせるべく「資産所得倍増プラン」を提唱しているほか、経団連の提言を受け、近々にとりあえず消費税15％の再引き上げを検討しており、現衆議院議員の任期が2025年10月30日と迫るなか、衆議院の解散による総選挙の強行もあり得て予断を許せない。

この結果、現役世代は長引くデフレ不況で賃金はここ30年横ばいのままのうえコロナショック、さらにロシアのウクライナ侵略に伴うエネルギー価格の高騰による物価高のため、税と社会保険料の負担は増すばかりである。

図 1-5　国民負担率および潜在的国民負担率の国際比較

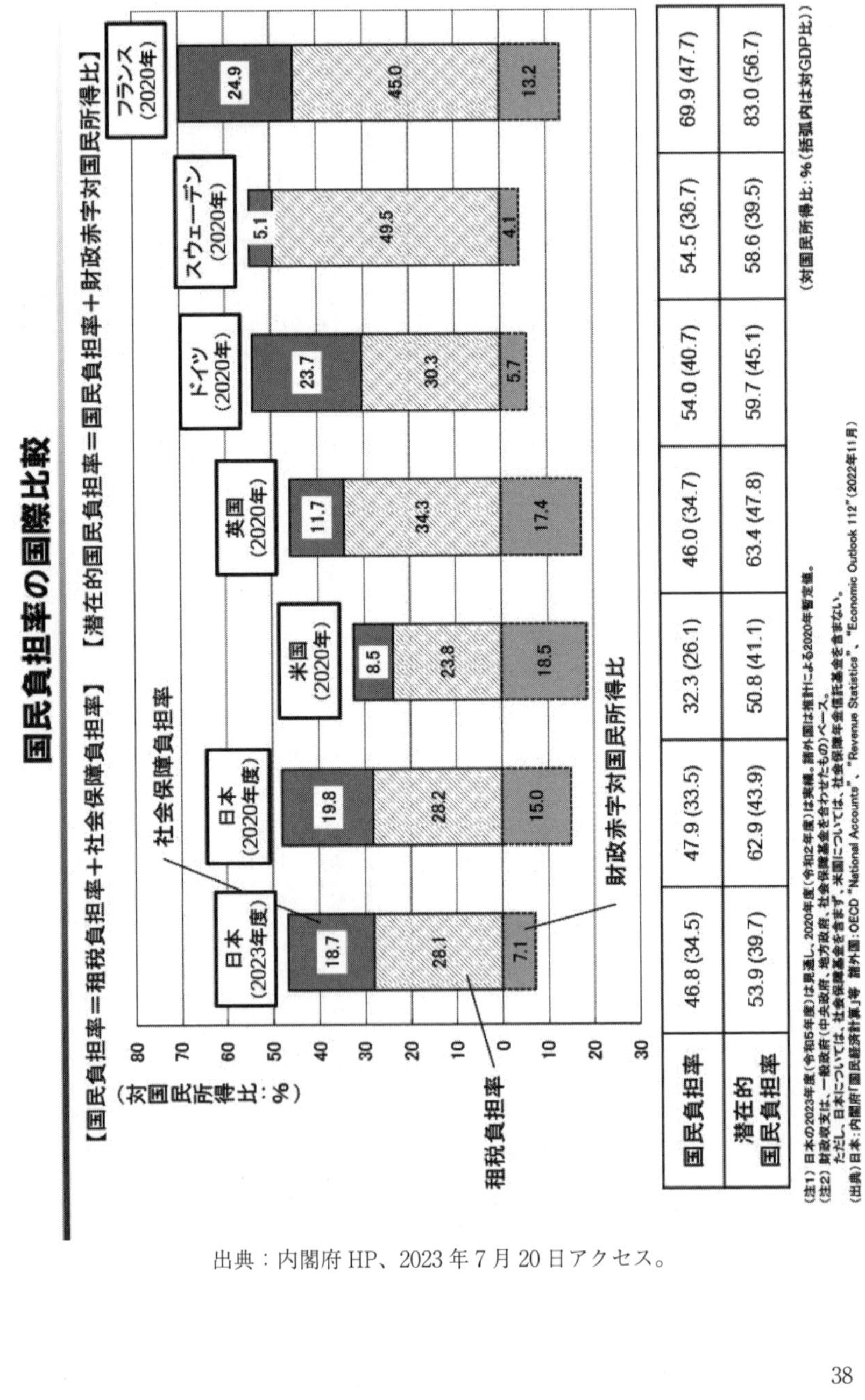
国民負担率の国際比較
【国民負担率＝租税負担率＋社会保障負担率】　【潜在的国民負担率＝国民負担率＋財政赤字対国民所得比】
（対国民所得比：%）
社会保障負担率
租税負担率
財政赤字対国民所得比
日本（2023年度）
日本（2020年度）
米国（2020年）
英国（2020年）
ドイツ（2020年）
スウェーデン（2020年）
フランス（2020年）
18.7
28.1
7.1
19.8
28.2
15.0
8.5
23.8
18.5
11.7
34.3
17.4
23.7
30.3
5.7
5.1
49.5
4.1
24.9
45.0
13.2

	日本（2023年度）	日本（2020年度）	米国（2020年）	英国（2020年）	ドイツ（2020年）	スウェーデン（2020年）	フランス（2020年）
国民負担率	46.8 (34.5)	47.9 (33.5)	32.3 (26.1)	46.0 (34.7)	54.0 (40.7)	54.5 (36.7)	69.9 (47.7)
潜在的国民負担率	53.9 (39.7)	62.9 (43.9)	50.8 (41.1)	63.4 (47.8)	59.7 (45.1)	58.6 (39.5)	83.0 (56.7)

（対国民所得比：%（括弧内は対GDP比））
（注1）日本の2023年度（令和5年度）は見通し、2020年度（令和2年度）は実績。諸外国は推計による2020年暫定値。
（注2）財政収支は、一般政府（中央政府、地方政府、社会保障基金を合わせたもの）ベース。
ただし、日本については、社会保障基金を含まず、米国については、社会保障年金信託基金を含まない。
（出典）日本：内閣府「国民経済計算」等　諸外国：OECD "National Accounts"、"Revenue Statistics"、"Economic Outlook 112"（2022年11月）

出典：内閣府 HP、2023 年 7 月 20 日アクセス。

⑵不足する人手

一方、財務省によると、医療福祉分野の就業者数は２０１８年、約８２３万人（就業者数全体に占める割合１２０％）から２０２５年、約９３１万人から９３３万人（同14・６％から14・７％）、２０４０年には約１０６５万人から１０６８万人（同18・８％から18・９％）と急増する見込みのため、本格的な少子高齢社会および人口減少となる２０６５年には、社会保障の持続が可能か憂慮されている。なぜなら、前述したように、社会保障は政府と国民との社会契約にもとづき国民が納める社会保険の保険料と消費税など税金を財源とした制度のはずだが、見通しはきわめて暗いからである（図１‐４）。

⑶潜在的国民負担率はスウェーデン超

前述したように、ＧＤＰは戦後の高度経済成長によって飛躍的に上昇したものの、１９７０年代、オイル・ショックやバブル崩壊に見舞われた。また、その後、経済のグローバル化やリーマン・ショック、長引く円高・デフレ不況、さらにはコロナ・ショックやロシアのウクライナ侵略によるエネルギー価格の高騰による物価高で国民の生活は深刻化するばかりである。

しかし、２０１９年現在、ＧＤＰは約5兆２２００億ドルとアメリカ、中国に次いで世界第３位となった半面、国民負担率は２０２０年度、47・９％とイギリスとほぼ同率、潜在的国民負担率に至っては62・９％とスウェーデンの58・６％を超え、もはや「低福祉・高負担」といわざるをえない。さらに、防衛費を２０２３年度から２０２７年度で総額約43兆円と倍増することで社会保障への予算配分にしわ寄せも懸念がされる（図１‐５）。

政府は１９９９年に第三次臨時行政改革推進審議会（行革審）の答申を受け、国民負担率は将来にわたって50%を上回らないようにしたいとしているが、その約束違反のおそれもある。それもこれも政府のソーシャルガバナンス（国民協治）やコンプライアンス（法令順守）、リスクマネジメント（危機管理）の不全にある。また、「Plan（計画）‐Do（実施）‐Check（評価）-Action（改定）」からなるＰＤＣＡサイクル理論の前提として、50年から１００年先の国家像を見据えたVision（構想）の不明確さもあって国民の社会保障への不安は増すばかりで崩壊状態にある。

脚注

＊１「①すべて国民は、健康で文化的な最低限度の生活を営む権利を有する。②国は、すべての生活部面について、社会福祉、社会保障及び公衆衛生の向上及び増進に努めなければならない」

＊２ 障害の〝害〟は差別用語との批判があるが、本著では関係法令に従い、そのまま記述。

＊３ 互助は米沢藩主、上杉鷹山の扶助（公助）、自助、互助からなら「三助論」にもとづく概念で、共助とは他地域の市民によるボランティアなどと区別すべき。くわしくは拙著『地域福祉源流の真実と防災福祉コミュニティ』大学教育出版、２０１６年。

＊４ 明治政府が１８７４年、貧困者の救済のため、制定した慈恵的な規則、１９３１年、救護法の制定とともに廃止された現生活保護法のルーツ。

＊５ 官公庁や軍に勤務する者。

＊６〝薄弱〟についても＊２にもとづき法名を記す。

＊７ 戦後の高度経済成長に伴う国民の所得水準の上昇や年金などの充実、一部の生活保護の不正請求を理由にした給付費抑制の水際作戦。

＊８ 国庫補助負担金の廃止・縮減、税源の移譲、地方交付税の一体的な見直し。小泉内閣当時の２００２年、「骨

太の方針」で決まり、「聖域なき財政構造改革」の目玉に。

＊９　東京23の特別区を含む。以下、略。

＊10　内閣府によると、２０２１年10月現在、総人口は約1億２５５０万人、高齢化率は28・９％と世界最高。

＊11　高齢化率が50％超で共同体機能が脆弱化、維持が困難となった団地。

＊12　酒類・外食以外の飲食料・週２回以上発行の新聞購読料は８％。

＊13　内閣府によると、２０２０年、男性は81・34歳、女性は87・64歳のため、実態は「人生80年から90年時代」。また、毎年約１６８万人が死亡する「多死社会」。

第2章　年金崩壊

第1章の「社会保障の概念・機能・変遷・行財政および実態」を受け、第2章から第6章では「年金崩壊」から「医療崩壊」、「介護崩壊」、「子育て崩壊」、「生活・雇用など崩壊」まで順にそれぞれの制度と崩壊の実態とその課題を述べる。

1　年金保険制度の概要

年金保険制度は自由・自営業者は第1号被保険者、会社員や公務員、私立学校（私学）教職員は第2号被保険者、これらの配偶者（専業主婦）は第3号被保険者で、原則としてすべて20歳から60歳まで国民年金に加入するほか、会社員や公務員、私学教職員は厚生（旧共済）年金に二重加入し[*1]、原則として65歳から老齢基礎年金、会社員や公務員、私学教職員は退職後、老齢厚生（旧退職共済）年金を受給する（図2‐1）。各年金額の計算式は2023年度現在、表2‐1～3となり、同年度の標準的な年金額（モデル年金）は夫婦の老齢基礎年金が月額66万6250円（原則40年加入）×2人、夫の老齢厚生年金（報酬比例部分）が88万9961円で計22万4482円（40年勤務。月収・ボーナス計43万9000円）とされ、65

図 2-1　年金の仕組み

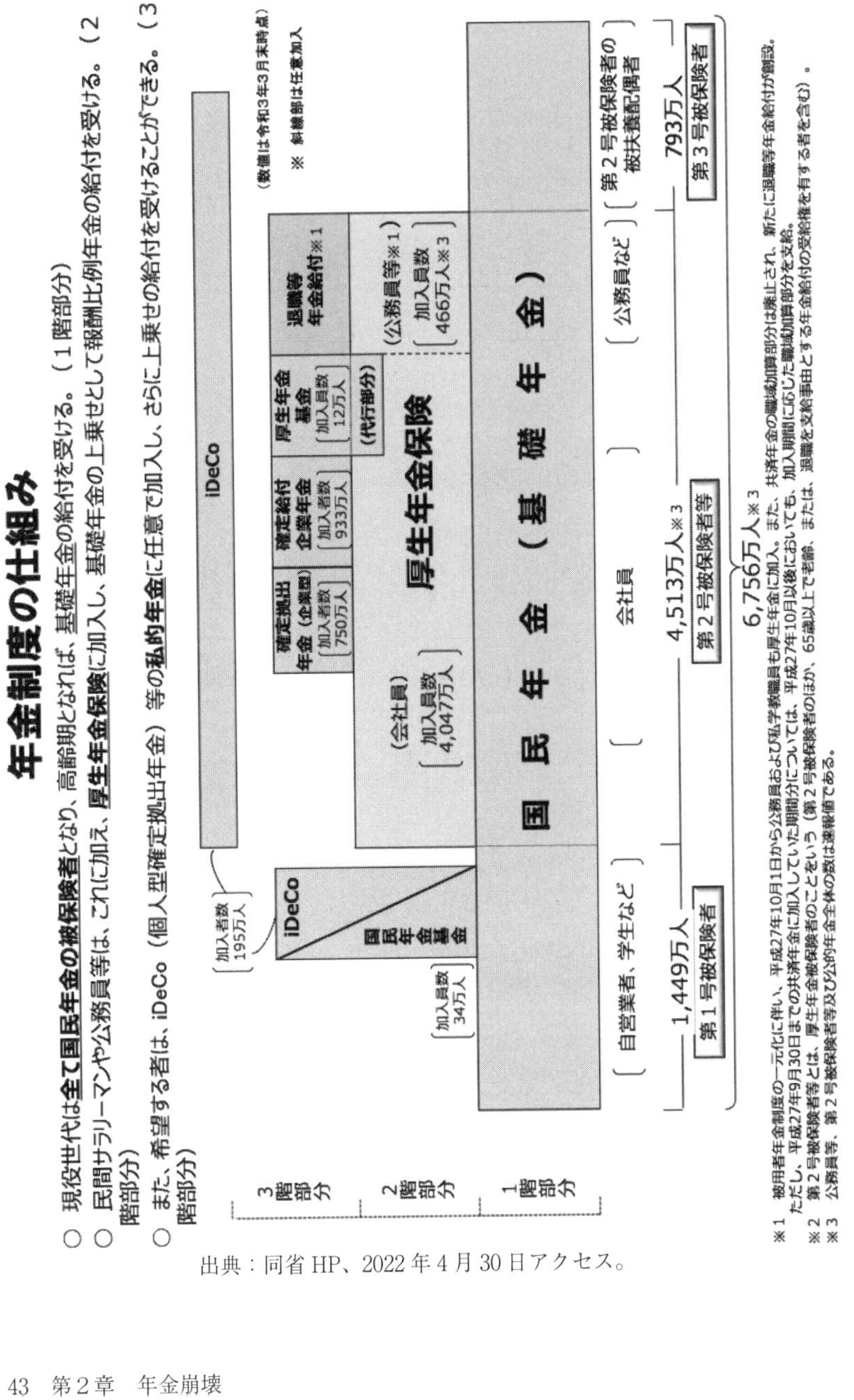

年金制度の仕組み
○ 現役世代は全て国民年金の被保険者となり、高齢期となれば、基礎年金の給付を受ける。（1階部分）
○ 民間サラリーマンや公務員等は、これに加え、厚生年金保険に加入し、基礎年金の上乗せとして報酬比例年金の給付を受ける。（2階部分）
○ また、希望する者は、iDeCo（個人型確定拠出年金）等の私的年金に任意で加入し、さらに上乗せの給付を受けることができる。（3階部分）
（数値は令和3年3月末時点）
※ 斜線部は任意加入
iDeCo
加入者数 195万人
iDeCo
国民年金基金
加入員数 34万人
確定拠出年金（企業型） 加入者数 750万人
確定給付企業年金 加入者数 933万人
厚生年金基金 加入員数 12万人
退職等年金給付※1
（代行部分）
厚生年金保険
（会社員） 加入員数 4,047万人
（公務員等※1） 加入員数 466万人※3
国民年金（基礎年金）
自営業者、学生など
会社員
公務員など
第2号被保険者の被扶養配偶者
1,449万人
第1号被保険者
4,513万人※3
第2号被保険者等
793万人
第3号被保険者
6,756万人※3
3階部分
2階部分
1階部分
※1 被用者年金制度の一元化に伴い、平成27年10月1日から公務員および私学教職員も厚生年金に加入。また、共済年金の職域加算部分は廃止され、新たに退職等年金給付が創設。ただし、平成27年9月30日までの共済年金に加入していた期間分については、平成27年10月以後においても、加入期間に応じた職域加算部分を支給。
※2 第2号被保険者等とは、厚生年金被保険者のことをいう（第2号被保険者のほか、65歳以上で老齢、または、退職を支給事由とする年金給付の受給権を有する者を含む）。
※3 公務員等、第2号被保険者等及び公的年金全体の数は速報値である。

出典：同省 HP、2022 年 4 月 30 日アクセス。

表 2-1　老齢基礎年金（2023 年度現在）

9 万 5000 円×保険料納付月数（最長 480 か月）
＝ 79 万 5000 円（月額 6 万 6250 円）
（注）保険料は 1 万 6520 円。
（注）国民年金の場合、月額 400 円の付加保険料を納付すれば
同 200 円×納付月数の付加年金を併給。

出典：筆者作成。

表 2-2　特別支給の老齢厚生年金（2023 年度現在）

定額部分
1621 円×（生年月日により 444 ～ 480 か月上限）
×保険料納付月数
報酬比例部分
2003 年 3 月まで
平均標準報酬月額（平均税込み月収）× 1000 分の 7.12
× 2003 年 3 月までの保険料納付月数
2003 年 4 月以降
平均標準報酬額（平均税込み月収＋ボーナス）
× 1000 分の 5.481 × 2003 年 4 月以降の保険料納付月数

出典：筆者作成。

表 2-3　来支給の老齢厚生年金（2023 年度現在）

老齢基礎年金
79 万 5000 円×保険料納付月数（最長 480 か月）
＝ 79 万 5000 円（月額 6 万 6250 円）
老齢厚生年金（報酬比例部分）
2003 年 3 月まで
平均標準報酬月額（平均税込み月収）× 1000 分の 7.125
× 2003 年 3 月までの保険料納付月数
2003 年 4 月以降
平均標準報酬額（平均税込み月収＋ボーナス）
× 1000 分の 5.481 × 2003 年 4 月以降の保険料納付月数

（注）老齢基礎年金不受給の 65 歳未満の妻（専業主婦など）、18 歳未満の子ども（障害児は 20 歳未満）に加給年金、振替加算など。

出典：筆者作成。

歳になるまで加給年金がプラスされる。[*2]

また、障害年金は障害等級1級から2級にもとづき障害基礎年金、または同1級から3級にもとづき障害厚生（旧障害共済）年金が支給される。このほか、老齢基礎年金もしくは老齢厚生（旧退職共済）年金の受給者が死亡した場合、遺族に遺族基礎年金と遺族厚生（旧遺族共済）年金が支給されるが、たとえば老齢厚生（退職共済）年金と障害厚生（共生）年金のように同じ制度から複数の年金の受給権を取得した場合、「一人一年金」の原則により老齢厚生（退職共済）年金、または障害厚生（共生）年金のいずれかに併給調整される。

なお、自由・自営業者[*3]の場合、65歳で老齢基礎年金の不足分を補うため、20歳から65歳まで毎月400円の付加保険料を納め、65歳から200円×付加保険料納付期間で計算された付加年金を毎月受け取る道も開かれている。さらに、老齢基礎年金や老齢厚生年金の不足分を補足する私的年金として会社員を対象とした企業年金[*4]のほか、職業を問わず、だれでも任意加入できる個人年金もある。

ただし、公的年金は元はといえば1880年代から1960年代、戦時体制の強化のため、軍人を対象とした軍人や官吏《かんり》（国家公務員）を対象とした恩給（現共済年金）が先行したのち、1961年に自由・自営業者を強制加入、専業主婦や学生は任意加入とする国民年金の創設によって国民皆年金となったもので、官尊民卑の思想は今も変わらない。そこへ原則5年に一度、政府の財政検証やマクロ経済スライド率なるご都合主義による年金額の据え置きとされた制度となっているため、〝年金はもらう〟のではなく、「受け取る権利である」ことを自覚したい。

2　年金崩壊

⑴現役時代の賃金の約7割より減り5割から4割に

　年金支給額は現役時代の賃金の約7割より5割から4割に減少し、年金だけの老後の生活は困難となっている。厚労省によると、物価上昇率が1・6％から0・9％、賃金上昇率が1・8％から1・0％、保険料積立金運用利回りが3・2％から2・2％、経済成長率が0・9％からマイナス0・2％、合計特殊出生率が1・35、平均寿命が男性84・19歳、女性90・93歳、現役男子の手取り収入が月額34万7000円から59万7000円、夫婦の老齢基礎年金が月額12万8000円から15万5000円、夫の老齢厚生年金が同9万万円から14万9000円の場合、所得代替率は2030年度、56・9％から53・8％、2043年度、51・0％から50・09％、2058年度、51・0％から42・0％と、1980年代には68％から69％だったモデル年金がウソのような目減りとなる（図2－2）。このような支給額の目減りがあるため、60歳定年退職で繰り上げ支給して「老後は悠々自適」など夢のまた夢である。

　また、繰り上げ支給による年金額の増減で老齢基礎年金、本来支給の老齢厚生年金とも60歳から64歳へ繰り上げ支給を選択した場合、42％から11％減額され、この減額率は生涯変わらない。逆に、老齢基礎年金を66歳から70歳へ繰り下げ支給を選択した場合、受給額は112％から188％増額され、この増額率は生涯変わらないため、個々の年金プランによっては老後の生活資金もまちまちであり、すべての人が住み慣れた地域で生命や財産、安全・安心な生活が確保され、人生100年時代をまっとうすることには至っていない（表2－4）。ちなみに、同省によると、全世帯の平均年収は2021年現在、約514万円で、うち勤労世帯は631万円であるのに対し、単身世帯は同317万円、2人以上の世帯

図 2-2　今後のモデル年金

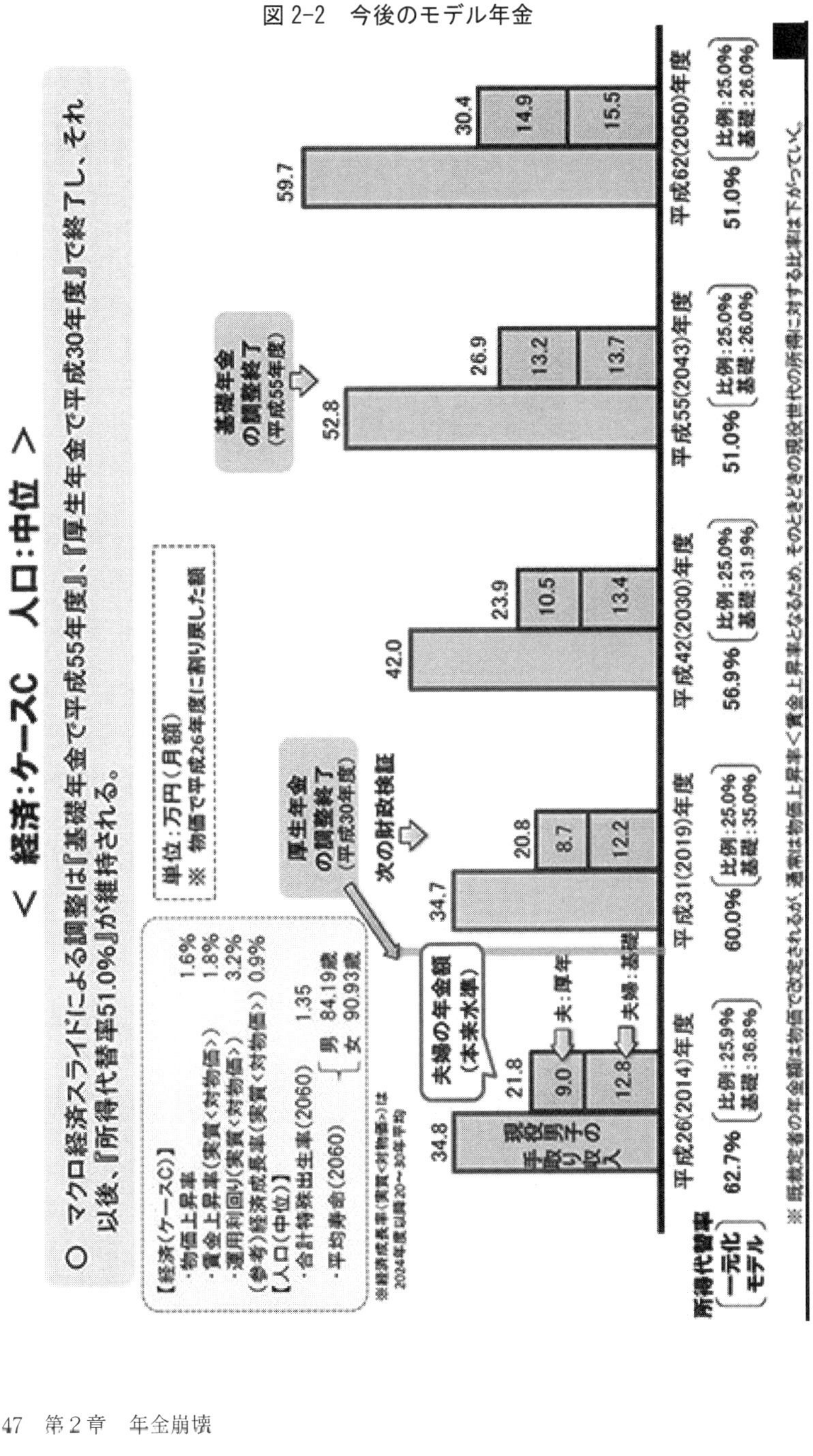

＜ 経済：ケースE　人口：中位 ＞

○ マクロ経済スライドによる調整は『基礎年金で平成55年度』、『厚生年金で平成32年度』で終了し、それ以後、『所得代替率50.6%』が維持される。

【経済(ケースE)】
・物価上昇率　1.2%
・賃金上昇率(実質<対物価>)　1.3%
・運用利回り(実質<対物価>)　3.0%
(参考)経済成長率(実質<対物価>)　0.4%
【人口(中位)】
・合計特殊出生率(2060)　1.35
・平均寿命(2060)　男 84.19歳　女 90.93歳

※経済成長率(実質<対物価>)は2024年度以降20～30年平均

単位：万円(月額)
※ 物価で平成26年度に割り戻した額

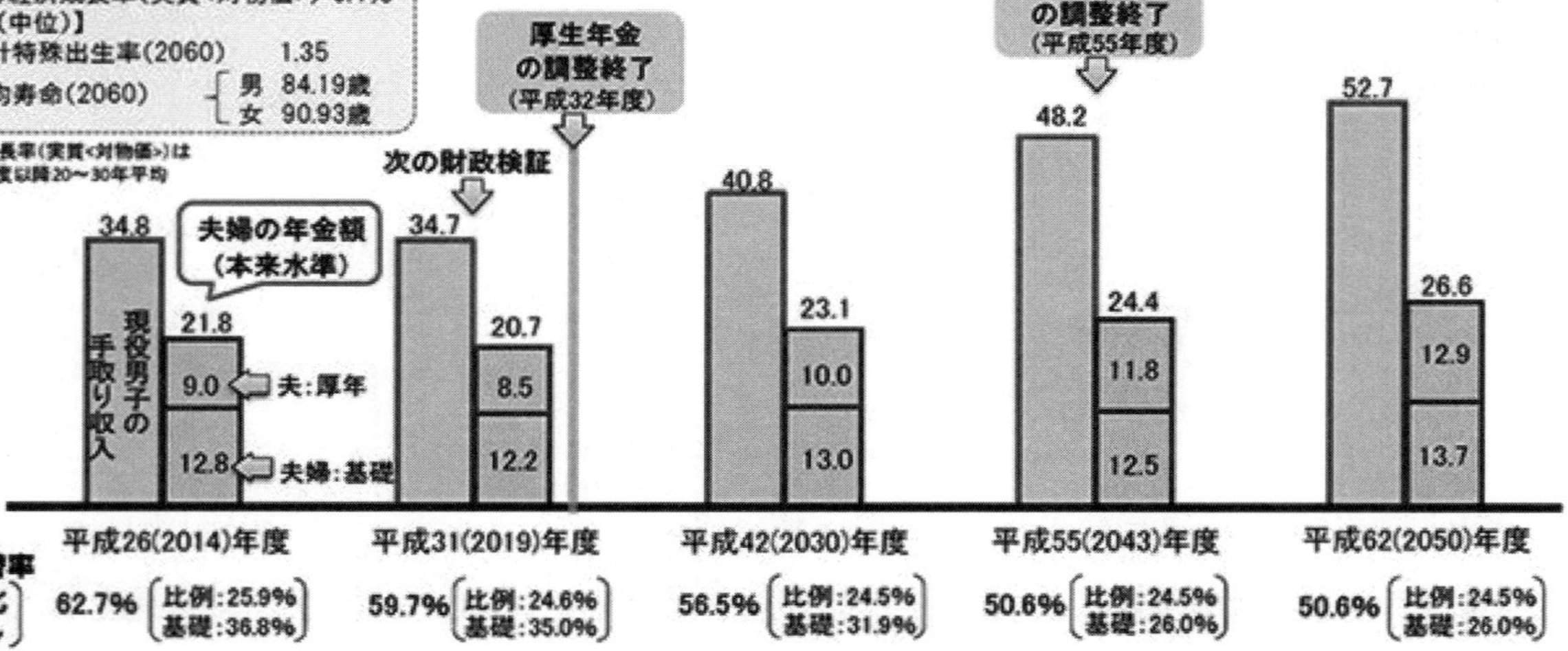

※ 既裁定者の年金額は物価で改定されるが、通常は物価上昇率＜賃金上昇率となるため、そのときどきの現役世代の所得に対する比率は下がっていく。 [redacted]

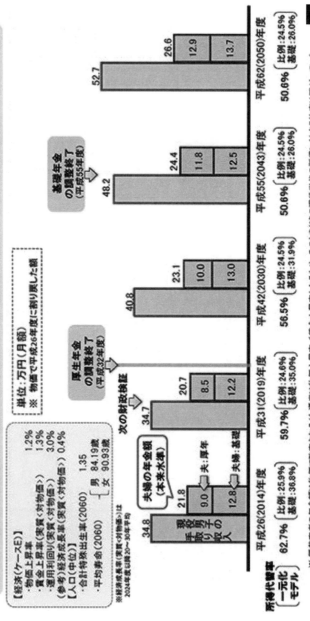

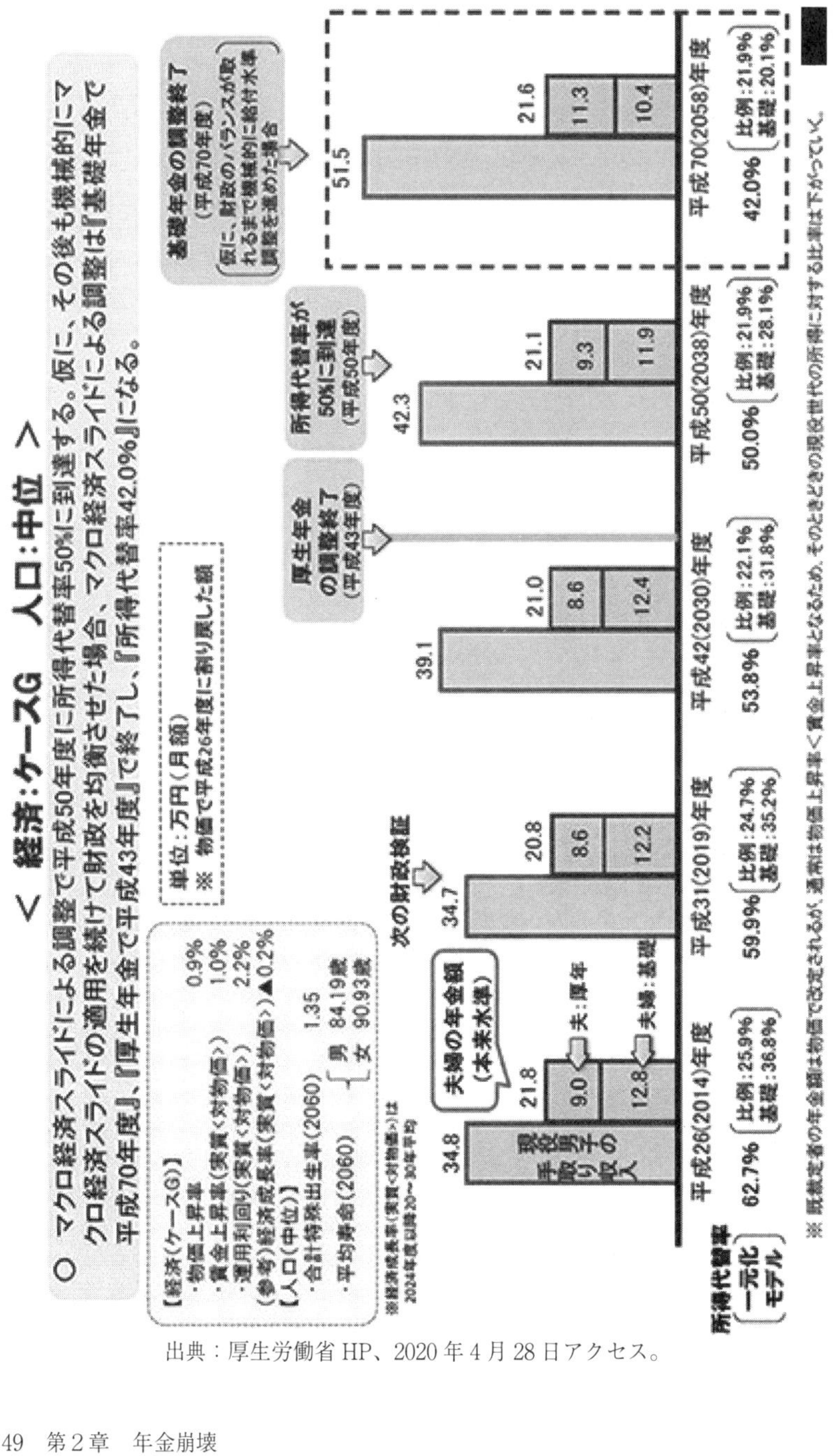

出典：厚生労働省 HP、2020 年 4 月 28 日アクセス。

表 2-4　老齢基礎年金の繰り上げ・繰り下げ支給と増減率

請求時の年齢	減額率	請求時の年齢	増額率
60 歳	42.0%	66 歳（または 1 年を超え 2 年に達するまでの期間のとき）	112%
61 歳	35.0%	67 歳（または 2 年を超え 3 年に達するまでの期間のとき）	126%
62 歳	28.0%	68 歳（または 3 年を超え 4 年に達するまでの期間のとき）	143%
63 歳	20.0%	69 歳（または 4 年を超え 5 年に達するまでの期間のとき）	164%
64 歳	11.0%	70 歳（または 5 年を超える期間のとき）	188%

出典：日本年金機構ＨＰ「老齢基礎年金の繰り上げ・繰り下げ支給と増減率」
2022 年 4 月 30 日アクセス

は同６２２万円だが、60歳以上の高齢者世帯は同４９５万円にとどまっており、年金や退職金、預貯金を取り崩し、老後の生活を何とか維持しているのが実態である。

一方、政府は企業年金や厚生年金基金、公務員や私学教職員は退職等年金給付、自由・自営業者は国民年金基金や個人型確定拠出年金（ｉＤｅＣｏ）、少額投資非課税制度（ＮＩＳＡ）の利用を奨励、総額約２０００兆円に上る高齢者の〝タンス預金〟の放出を画策したり、いずれも「老後は個人の責任で」といわんばかりである。

また、一口に老後の生活費といっても居住地の物価の高低や持ち家か借家か、住宅ローンなど借金の有無によって一概にいえない。なぜなら、スウェーデンなど北欧のように預貯金などしなくても老後の生活に不安がないよう、社会保障の拡充がされていないからである。

なお、前述したように、物価スライド率は２０１４年４月に賃金や物価の伸び率に応じ、その伸び率からスライド調整率を差し引き、年金額を改定するマクロ経済スライド率に変更され、２０２１年４月に賃金変動率が物価変動率を下回る場合、賃金変動率に合わせて年金額を改定するよう見直された。また、政府は国民年金の保険料は２０１７年４月、月額１万６９００円、厚生年金の保険料も同18・３％に固定、以後は引き上げをしないとしているが、今後の賃金や物価の動向次第では引き上げられるおそれもある。しかも、基礎年金全額税方式、または社会保障給付費のための財源の確保や現行組織との関係の調整、人材の登用など具体的な説明は語られず仕舞いである。

なお、政府は2019年度に消費税10%への再引き上げにともない、老齢基礎年金の受給者で同一世帯の全員が市町村民（住民）税非課税、前年の公的年金などが年額88万1200円以下の場合、月額5020円プラスする年金生活者支援給付金を支給しているが、「スズメの涙」にもなっていない。

⑵女性、非正規、中小・零細企業の低年金

それだけではない。パートやアルバイト、契約社員、フリーランス（個人事業主）、ギグワーカー（独立業務請負人）など雇用者の約4割は女性を中心とした非正規で、かつ平均月収が21万4800円のため、モデル年金よりも13万3200円少ない。しかも、平均月収は大企業の男性が37万7100円、女性が26万6400円、中企業は各33万1700円、25万3100円と大企業の88%から95%にすぎず（表2-5）、モデル年金は所詮、大学卒で大企業勤務のエリートの男性社員を標準世帯と想定したものといわざるを得ない。預貯金がない世帯もある。

厚労省によると、2019年6月現在の平均賃金（所定内給与）は大企業（常用労働者1000人以上）は月額約37万7000円であるのに対し、中企業（同100人から999人）は同33万1700円、小企業（同10人から99人）は同29万3000円であるため、中企業は2022年度のモデル年金よりも4万8000円から1万8000円、小企業は4万8000円から1万8000円それぞれ少ない。まして女性社員の場合、中企業では25万円、小企業では23万円と男性社員に比べ、10万7000円から6万3000円少なく、政府が掲げる「年金100年安心プラン」はもとより、「働き方改革」や「同一労働同一賃金」、「ジェンダー（性差：男女）平等」などいずれも掛け声に終わっている。

表2-5　企業規模別にみた賃金（所定内給与額）

男性	大企業 賃金（千円）	中企業 賃金（千円）	中企業 賃金格差（大企業=100）	小企業 賃金（千円）	小企業 賃金格差（大企業=100）
年齢合計	**377.1**	**331.7**	**88**	**302.4**	**80.2**
～19歳	184.6	183.3	99.3	181.1	98.1
20～24	222.3	211.6	95.2	207.6	93.4
25～29	266.6	248.2	93.1	236.7	88.8
30～34	313.8	281.8	89.8	266.2	84.8
35～39	363.8	321.1	88.3	294.3	80.9
40～44	403.5	354	87.7	319.8	79.3
45～49	437	379.7	86.9	340.9	78
50～54	485.4	408.7	84.2	347.6	71.6
55～59	478.2	419.6	87.7	349.1	73
60～64	330	314.6	95.3	301.2	91.3
65～69	285.2	280.4	98.3	267.7	93.9
70～	281.2	275.1	97.8	249.1	88.6
平均年齢（歳）	42.9	43.2	—	45.6	—
平均継続年数（年）	15.1	13	—	11.8	—

女性	大企業 賃金（千円）	中企業 賃金（千円）	中企業 賃金格差（大企業=100）	小企業 賃金（千円）	小企業 賃金格差（大企業=100）
年齢合計	**266.4**	**253.1**	**95**	**232.9**	**87.4**
～19歳	175.3	173	98.7	173.3	98.9
20～24	219	207.9	94.9	197.3	90.1
25～29	244.9	233.8	95.5	216.3	88.3
30～34	264.4	244.8	92.6	226.9	85.8
35～39	278.7	257.6	92.4	234.3	84.1
40～44	289	270.6	93.6	242.4	83.9
45～49	288.9	273.3	94.6	247.1	85.5
50～54	285.7	282.2	98.8	252.2	88.3
55～59	283.8	274.9	96.9	252.4	88.9
60～64	237	234.2	98.8	225.7	95.2
65～69	229.2	211.6	92.3	210.5	91.8
70～	234.3	212.3	90.6	212.3	90.6
平均年齢（歳）	41.2	41.9	—	43.2	—
平均継続年数（年）	9.5	9.2	—	9.1	—

注：緑色個所は企業規模別に最も賃金の高い年代区分。「賃金」は6月分の所定内給与額で、決まって支給する現金給与額（所得税・社会保険料等を控除する前の額）のうち、時間外勤務手当など超過労働給与額を差し引いた額。

出典：同省ＨＰ、２０２３年４月28日アクセス。

図 2-3　中小企業退職共済制度の仕組み

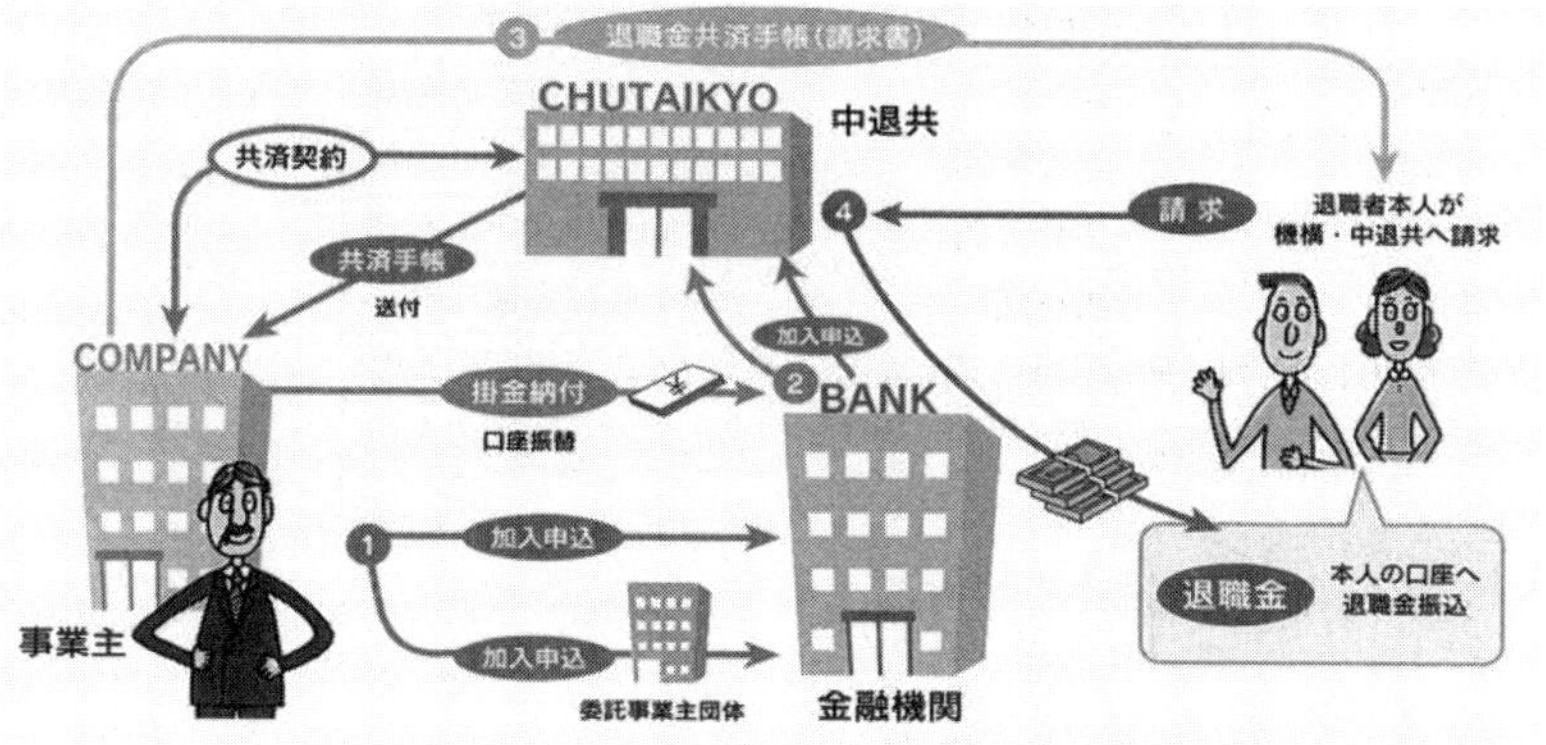

出典：厚生労働省 HP「一般の中小企業退職共済制度の仕組み」、
2022 年 4 月 30 日アクセス。

こうした低年金による生活不安が増大しているにもかかわらず、政府は公的責任としての公助である年金保険制度の拡充よりも、国民に「老後の生活費の不足は個人年金への加入によって補え」といわんばかりに提唱、これに乗じた自民党支持団体の民間金融機関は自由・自営業者や女性に対し、個人年金への加入の勧誘に余念がない。

とりわけ、自由・自営業者は会社員と異なり、個人の自助努力を強いられている。自由・自営業者は老齢基礎年金しかないうえ、企業年金の対象とはなってはいないため、これを補完すべく個人年金に任意加入し、公的年金だけでは不足する老後の生活費を補完する必要があるが、その前に事業主が中小企業退職共済制度（中退共）[*5]に加入しているかどうか確認したい（図２-３）。また、国民年金の付加年金を受給するため、同保険料とは別にまずは毎月４００円の付加保険料を払うべきか、さらに国民年金基金[*6]との関係はどうなのかもチェックし、その要否を判断したい。

なお、個人年金は老後の最低生活費として月額平均22万円×12か月＝年額２６４万円×現行年齢×平均寿命、ゆとりを持つのであれば同34万円×12か月＝年額４６８万円×現行年齢×平均余命により数千万円が必要といわれており、年金の受け取り開始から希望する受け取り年数を確定し、生涯受給できる。また、保証期間中、死亡しても遺族に支給される終身年金、さらに加入者が受け取り期間を確定、その間、生死を問わず支給される確定年金などがある（表２-６）。

このほか、年金の支給額が金融情勢によって変わる変額年金、また、受け取り額を雑所得として毎年課税されない財形年金貯蓄もある。これは５５０万円までの元本から生じる利子が非課税となるもので、申し込みは55歳未満の勤労者で１人１契約に限られる。積立期間は５年以上、年金の支払いは60歳以降で５年から20年以内に定期に行い、積み立ての終了から年金の支払い開始まで５年以内の据置期間を設けることができる。

政府は「資産所得倍増プラン」と称し、２０２２年５月、これまで65歳未満となっていた個人型確定拠出年金（ｉＤｅＣｏ）の加入対象を65歳未満に引き上げ、預貯金を多く持つ高齢者の〝タンス預金〟を吐き出させ、「成長と分配の好循環」をもたらしたい意向だ。しかし、この場合、掛金や運用益が非課税となる半面、運用次第では受取額が減るリスクがある。

表 2-6　個人年金の種類

	年金の受取期間	受取額
有期年金	期限付き	契約時、設定の金額
終身年金	生存期間中	契約時、設定の金額
確定年金	生死を問わず	契約時、設定の金額
変額型	生存期間中	受取時に金額変動
保証期間付き有期年金	期限・保証期間付き	契約時、設定の金額
保証期間付き終身年金	期限・保証期間付き	契約時、設定の金額
夫婦（連生）年金	夫婦いずれか生存まで受け取り	契約時、設定の金額

出典：筆者作成。

(3)ロスジェネ世代の「２０４０年問題」

とりわけより深刻なのは、就職難のため志望した職業に就けず、結婚も子どもの保持もあきらめざるを得ないなど非正規で雇用されている第二次ベビー・ブームに生まれた就職氷河期世代、すなわち、１９

70年から1984年に生まれたロスジェネ世代である。このままの状態が続いた場合、高齢者になっても無年金、または低年金のため、生活保護に委ねざるを得ない事態も予想される。「2040年問題」である。このため、ヨーロッパ諸国のように「最低保障年金」が日本では確立されていないため、生活保護受給が増大することも予想される。ベーシック・インカム（BI）の論議も聞かれるが、その導入にあたっては老齢基礎年金や生活保護などの撤廃のおそれもある。それより何よりも社会保障給付費の財源として納付した保険料や税金を有効活用すべく政府は所得の再分配に徹し、社会保障の持続可能性を追求し、すべての国民に対する生存権の保障と国の社会保障的義務を果たすべきである。それが憲法第25条の規定であり、真の民主政治である。

かつて民主党政権は2009年9月、最低保障年金月7万円をマニュフエスト（政権公約）に掲げ、圧倒的な支持を得て政権交代を遂げたが、財源確保の道筋を示せず頓挫している。「2040年問題」も見据えて、生存権にもとづく所得保障制度があらためて求められてしかるべきである。

⑷地域格差

年金格差については地域間の問題も見過ごせない。夫婦の老齢基礎年金は月額12万8000円から10万4000円、夫の老齢厚生年金は同12万8000円から15万5000円とされているモデル年金だが、老齢基礎年金は2021年度、最も多いのが富山県で6万0034円であるのに対し、最も少ないのは沖縄県で5万2112円というのが実態である。ちなみに、老齢厚生年金が最も多いのは神奈川県で16万5321円であるのに対し、青森県は12万2111円と最低である。これは神奈川県など比較的高給の大企業が都市部に集中しているのに対し、富山県は例外として、沖縄県など地方は中小・零細企業が多いことにある。

なお、専業主婦は離婚したら夫の老齢厚生年金、または退職共済年金の４分の３程度しか支給されない。遺族厚生年金もほぼ同様である。また、共働きの場合、分割の対象は厚生年金のみとなり、かつ原則として離婚後、２年以内でしか請求できない。

(5)75歳まで年金をアテにせず働け！

国民年金の加入は65歳未満まで保険料の徴収期間の引き上げが、２０２５年に法改正で検討されることになっており、さらに将来は年金廃止といった話も聞かれ、「年金をアテにせず、後期高齢者となる75歳まで働け！」といわんばかりである。

高齢者の資産の実態について、総務省によると、国民の家計金融資産は２０２２年月現在、約２０２３兆円、うち高齢者世帯は１世帯あたり平均約１７００万円、持ち家率は87％とはいうものの、年金は年々減額されているため、ハイリスク・ハイリターンの金融商品への投資に踏み切れない。また、子どもや孫の住宅ローンへの支援も入居が２０２３年12月末（優良な住宅は２０２５年３月末）の場合、１０００万円までの住宅ローン減税があるとはいえ、資産家や富裕層でもない限り〝タンス預金〟として老後に備えざるを得ない。

また、繰り下げ支給について２０２２年４月以降、従来の65歳から70歳の繰り下げをさらに71歳から75歳まで延ばすことができるようになり、65歳支給開始の給付額より50・４％から84・０％に割り増しされ、増額は生涯変わらないというものだが、実はこれは年金の支給を少しでも減らしたいという政府の恣意的な誘導である（図２‐４）。しかも、この老齢基礎年金、本来支給の老齢厚生年金とも繰り上げ支給、繰り下げ支給のいずれの選択も原則として同時に行う必要がある。

このうち、繰り上げ支給の場合、寡婦年金や障害基礎年金は不支給、国民年金への任意加入や保険料

図 2-4　老齢年金の繰り下げ受給

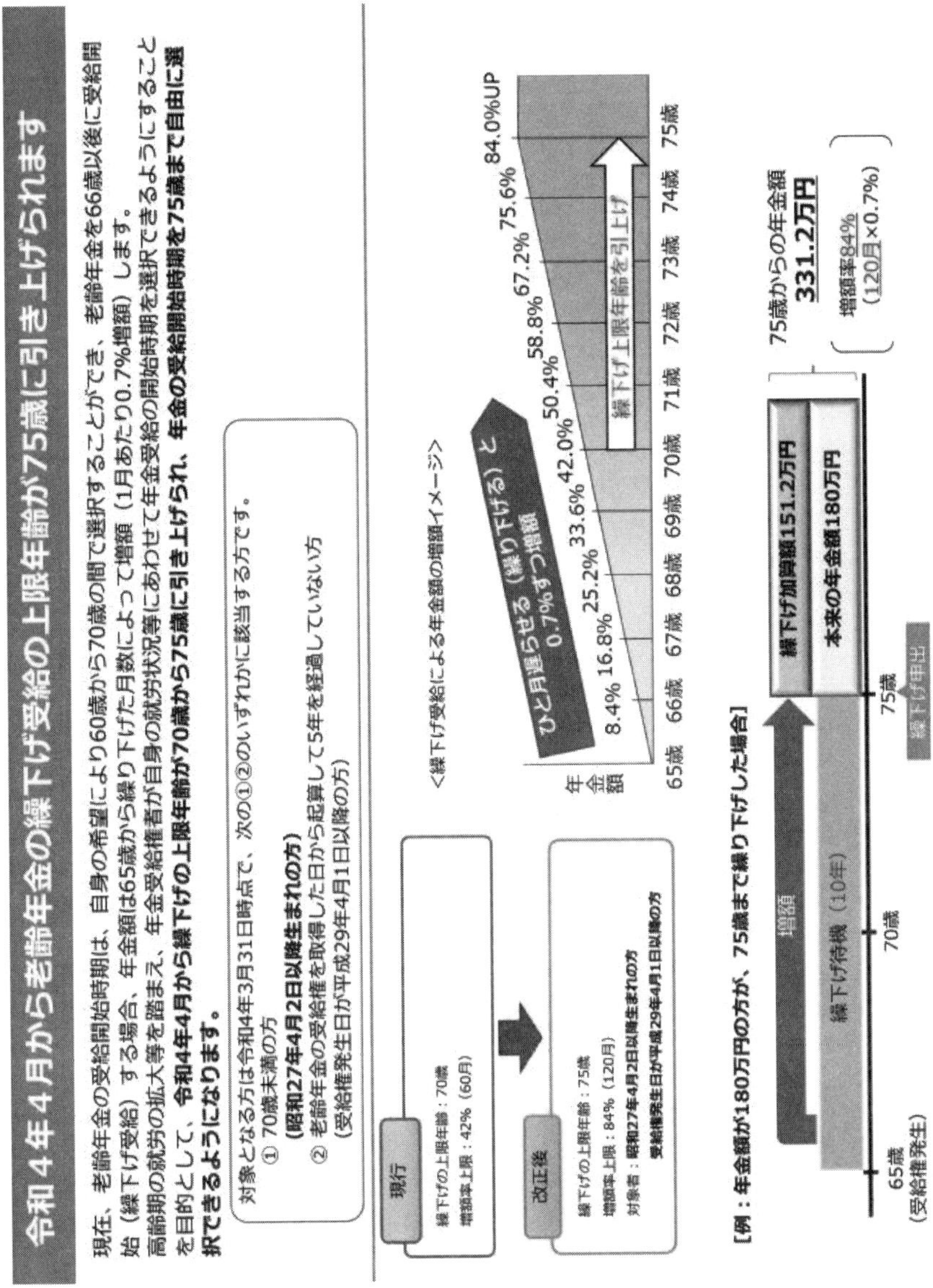

出典：日本年金機構 HP、2022 年 4 月 1 日アクセス。

表 2-7　2023 年 4 月以降の在職老齢年金

基本月額と総報酬月額の合計48万円以下	支給停止ゼロ（全額支給）
同48万円超	総報酬月額＋基本月額－48万円×2分の1×12

出典：筆者作成。

の納付免除、納付猶予の追納ができない。これに対し、繰り下げ支給の場合、特別支給の老齢厚生年金は不適用、加給年金も不支給、また、国民健康保険の保険料、介護保険料、所得税など増額のおそれがある。ちなみに、同省によると、２０２０年度現在、老齢基礎年金の繰り上げ支給は受給者の全体の11・77％、繰り下げ支給は同１・６％、老齢厚生年金は各０・５％、１・０％である（図２‐４）。

なお、２０２２年5月21日時点で男性は１９４８年4月1日から１９６１年4月1日生まれ、女性は１９５７年4月1日から１９６６年4月1日生まれで基本月額と総報酬月額の合計額が48万円以下であれば、60歳から75歳未満まで在職中でも給与と在職老齢年金の全額、48万円超でも一部、または全額支給される。この在職老齢年金は従業員５０１人以上の事業所に週20時間以上雇用され、月収８万８０００円以上となっている厚生年金の適用要件を２０２２年10月から１０１人以上、２０２４年月から51人以上に引き下げ、パートやアルバイト、契約社員、派遣社員などの非正規雇用者にも適用されるが、２０２３年4月以降、65歳以上の本来支給の老齢厚生年金と同様、基本月額と総報酬月額の合計が48万円を超えない場合、年金額の支給停止は行われず、48万円を上回る場合、年金額の全部、または一部について支給停止される計算方法に緩和された（表２‐７）。

⑹企業年金も〝再編〟という名のリストラ

企業年金の種類は確定給付型、確定拠出型、厚生年金基金、国民年金基金、また、給付額や実施主体、メリットもさまざまである。しかも、長年、大企業や中小企業を問わず、好評だった適格退職年金は２０１２年までに廃止されたのと相前後し、労使の合意や運用

表 2-8　企業年金の種類

型式	給付額	給付主体	メリット	種類
確定給付型	固定	企業年金基金	受給権保障	規約型確定給付
確定拠出型	変動	国民年金基金	離職・転職容易	企業型・個人型（iDeCo）
厚生年金基金		厚生年金基金	企業主導	
国民年金基金		各国民年金基金	基礎年金補充	職能型・全国

（注）適格退職年金は2012年までに廃止。厚生年金基金は2014年以降、設立不可。
出典：筆者作成

担当の金融機関による確定給付型企業年金に変更、社員が自己責任で運用する確定拠出型企業年金に移行された。また、税理士や司法書士など特定の自由業者は職能型国民年金基金、それ以外の自由・自営業者は全国国民年金基金（元地域型国民年金基金）に加入、自主運用となっている（表2・8）。

このようななか、金融庁は2019年に「老後資金2000万円不足」むね報告したが、財務省は国民に誤解を与えるとして受け取りを拒否した。実は、これは夫65歳以上、妻60歳以上の無職世帯の場合、毎月約5万5000円不足し、平均余命を30年とした場合を単純計算したものである。もっとも、老後の生活費は100歳まで生きるとして平均約3000万円必要との試算もある。

余裕のある戦前派や戦後間もない団塊世代はともかく、それ以降生まれの現役、とりわけ、就職氷河期の団塊ジュニアやZ世代など現役世代はどうなるのか。コロナ禍の2022年9月、65歳以上で住民税が非課税など一定所得以下の年金受給者には年金生活者支援給付金制度が設けられたものの、老後への不安は募るばかりである。、2023年度現在の国民年金（老齢基礎年金・40年加入：満額）は物価変動率と賃金変動率を加味し、1人月額6万6250円と前年度比1434円増になったが、国民年金だけでは老後の生活費はまったく足らない。かつそこへ本来支給の老齢厚生年金の71歳から75歳への繰り下げに加え、老齢厚生年金の受給時、65歳未満の配偶者や18歳までの子どもがいると上乗せされる付加年金を見直す動きもあり、予断を許さない。

図 2-5　退職年金の構成

出典：全国市町村職員共済年金連合会 HP「退職年金の構成」、
2022 年 4 月 3 日アクセス。

(7)〝生活安定〟の公務員や私学教職員

他方で、公務員や私学教職員の場合、比較的優遇されているところは否めない。２０１５年10月以降、厚生年金に統合され、以後、退職共済年金は老齢厚生年金に代わり、１階部分の老齢基礎年金と合わせて２階建て年金になったかと思いきや、実は３階建て年金に当たる退職等年金給付は大企業に勤める会社員の企業年金に相当し、今後も支給される。

具体的には、会社員の企業年金は労使や会社の都合で加入、非加入というのが実情であるのに反し、公務員や私学教職員は当初から大企業の会社員の企業年金に代わる職域加算が３階建てとして組み込まれていた。このため、ただでさえ公務員や私学教職員は賃金が割高のうえ、年金も優遇されているとして〝年金の官民格差〟に批判が集まった。

そこで、政府は被用者年金制度一元化の名のもと、２０１２年までに職域加算を廃止したものの、その代わりに退職等年金給付を創設した。その後、２０１５年10月以降、公務員や私学教職員も厚生年金に加入させることにしたが、退職等年金給付は当分の間、経過措置として温存されたままである（図２-５）。

さらに、高級官僚は定年退職前後、独立行政法人や大企業の役職、大学教授への天下りも可能であることも指摘しておきたい。

⑻「年収106万円の壁」と「年収130万円の壁」

最後に保険料負担について、最近改めて話題になっている「年収106万円の壁」および「年収130万円の壁」についてふれておきたい。前者は専業主婦の妻がパートで従業員が101人から500人以下の企業・事業所で週20時間以上働き、年収が106万円超えると扶養家族から外れ、第2号被保険者となって国民年金から厚生年金に編入し、自分で厚生年金や健康保険（健保）の保険料の納めることになり、その分、手取りの賃金が減る。

そこで、政府は「年収106万円の壁」で減った労働者の負担について一定の収入を超えるまで厚生年金や健保の保険料の納付を免除し、手取りの賃金はもとより、将来の老齢厚生年金の報酬比例部分が減らない、また、労使折半となっている厚生年金の保険料について事業主の負担の割合を引き上げたり、労使双方の負担の割合を軽減したり、基本給を増やす事業者に労働者1人あたり最大50万円支給したりするなどを2025年の年金改革のなかで検討し始めた。

一方、後者は従業員が100人以下で年収が130万円を超えると扶養家族から外れ、第3号被保険者から第1号被保険者に代わり自らの国民年金の保険料のほか、国民健康保険（国保）や雇用保険、労働者災害（労災）保険に加入しなければならなくなる。このため、政府は一時的に年収が130万円超になっても2年までは扶養家族のままとし、国保や雇用保険、労災保険への加入を免除するむね対応を考えることになったが、物価高と低賃金のままの中小・零細企業のパートやアルバイトなどの非正規雇用者や外国人技能実習生にとっては、その場しのぎの感はぬぐえない。

また、政府はこれに関連し、老齢基礎年金や老齢厚生年金の受給者のうち、65歳未満なら年間108万円以上、65歳以上なら同158万円以上で所得税が源泉徴収される約849万人を対象に所得税を控除するため、2023年10月までに電子申請が可能な扶養親族等申告書の提出を求めているが、いずれも賃金が高ければこのような〝壁〟などないはずである。

脚注

＊1　定額部分は65歳から老齢基礎年金に切り換え。公務員、私学教職員は2015年9月までは共済年金に加入。

＊2　年金受給開始時点（65歳）での現役世代手取り収入額（ボーナスを含む）と年金額との割合。

＊3　フリーランス（個人事業主）も含む。

＊4　転職先などへの自動移管の企業型確定拠出年金（DC）、個別移管の確定給付企業年金（DB）、企業年金連合会運営の通算企業年金の3種類。

＊5　政府の中小企業支援のための退職金制度で掛金の一部を助成。2022年度現在、毎月1万円で20年後、約266万6600円支給。37万4000企業、約358万人加入。

＊6　全国民、職能型の2種類。

第3章　医療崩壊

1　医療保険制度の概要

医療保険制度は常時5人から700人未満の被用者は全国健康保険協会（協会けんぽ）、または同700人以上、もしくは同業種で計3000人以上の被用者は健保組合（組合健保）、公務員や私学教職員は共済組合（共済）、自由・自営業者および5人未満の小規模事業所の被用者は国民健康保険（国保）、65歳から75歳未満の前期高齢者は前期高齢者医療制度、75歳以上の後期高齢者は後期高齢者医療制度に大別され、被扶養家族ともども病気やけが、歯科疾患で病院やクリニック（診療所）、歯科医院など保険医療機関で受診、処方箋を保険調剤薬局に提出、服薬して療養に努める。また、小規模事業所の被用者でも4分の3以上が健保の加入を希望、事業主の同意を得れば任意包括被保険者として健保に加入できる。さらに、健保の被用者が中途退職や定年退職などでも被保険者期間が継続して2か月以上ある場合、向こう2年、任意継続被保険者として引き続き健保が適用され、保険料は全額納付となる。

保険料は協会けんぽや組合健保の場合、事業所ごとに被保険者の年収に一定の保険料率（1000分の9〜10）を乗じた額を労使折半で負担する。協会けんぽや組合健保、共済組合、船員保険、後期高齢医療制度の対象者ではない自営業者、農業者、会社を退職した人、無職者などすべての人が対象となる国民健康保険の場合、保険料（税）は所得に関係なく加入者全員が負担する均等割額と、賦課標準額に応じて負担する所得割額の合算となり、自治体ごとに保険料は異なる。前期高齢者医療制度は被保険者数に応じ、医療費を負担する財政調整方式がとられているのに対し、後期高齢者医療制度は全体の約５割は政府と自治体の公費負担、約４割が国保と健保からの支援金、残りの１割が後期高齢者の保険料となっている。

窓口での自己負担は２０２３年4月現在、３割（65歳未満は2割）、70歳から74歳は２割（現役並み所得者は3割）、75歳以上（寝たきり高齢者は65歳以上）は１割、一定額以上の所得者は２割だが、高額な場合、高額療養費制度や高額介護合算療養費として一部還付される。[*1]

初診料は２８２０円、再診料は７２０円で、かつ２０２３年4月からマイナ保険証を使用した場合は4円から12円、従来の保険証（被保険者証）を使用した場合は6円から18円引き上げられる。公務員や私学教職員の共済もほぼ同様である。ちなみに、初再診料をはじめ診療報酬は2年に一度改定される。[*2]

ただし、２００床以上の病院に紹介状を持たずに受診した場合、初診料は７０００円以上必要である。また、医療保険ではカバーされない個室は差額ベッドとされて保険の適用外のため、その代金は全額が患者の負担となる。しかも、その請求や金額は保険医療機関の裁量に委ねられているため、地域格差があるほか、金額も保険医療機関の自由となっている。

このようななか、政府は２０２４年4月、現在、年金収入が１０００万円超の75歳以上の高所得者の保険料の上限額の66万円を80万円にする方針である。さらに２０２３年秋には、マイナ保険証を義務化して現行の健康保険証を廃止し、年金受給者の預貯金口座番号などの紐づけを予定しているが、個人情

図 3-1　医療制度の概要

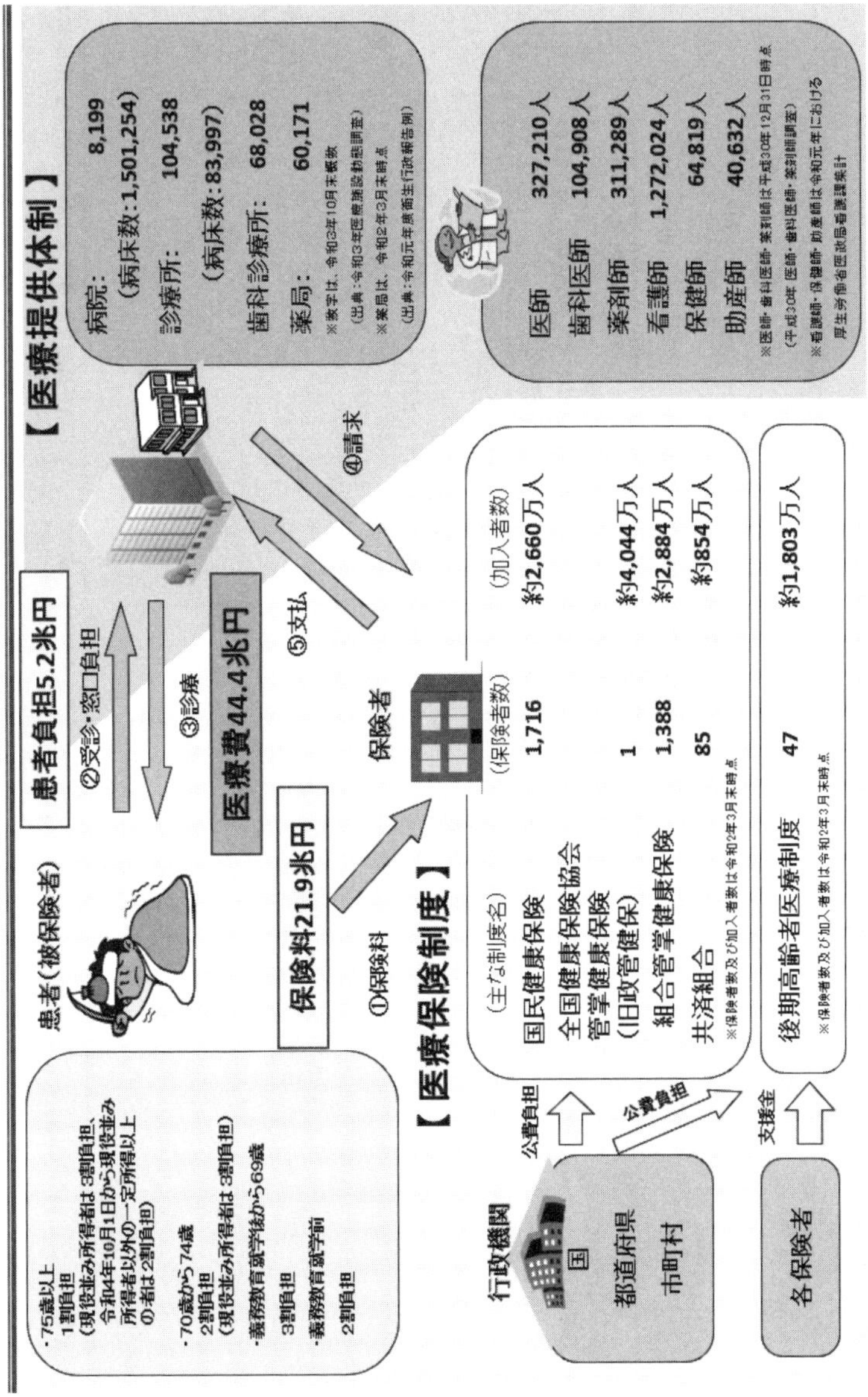

出典：厚生労働省 HP、2023 年 7 月 10 日アクセス。

図 3-2　医療保険の給付内容

公的医療保険の給付内容

（令和4年4月現在）

	給付	国民健康保険・後期高齢者医療制度	健康保険・共済制度
医療給付	療養の給付 訪問看護療養費	義務教育就学前：8割、義務教育就学後から70歳未満：7割、 70歳以上75歳未満：8割（現役並み所得者：7割） 75歳以上：9割（現役並み所得者以外の一定所得以上の者：8割（※）、現役並み所得者：7割） ※令和4年10月1日から施行。	
	入院時食事療養費	食事療養標準負担額：一食につき460円	低所得者：　一食につき210円 （低所得者で90日を超える入院：　一食につき160円） 特に所得の低い低所得者（70歳以上）：　一食につき100円
	入院時生活療養費 （65歳～）	生活療養標準負担額：一食につき460円（＊）＋370円（居住費） （＊）入院時生活療養（Ⅱ）を算定する保険医療機関では420円	低所得者：　一食につき210円（食費）＋370円（居住費） 特に所得の低い低所得者：　一食につき130円（食費）＋370円（居住費） 老齢福祉年金受給者：　一食につき100円（食費）＋0円（居住費） 注：難病等の患者の負担は食事療養標準負担額と同額
	高額療養費 （自己負担限度額）	70歳未満の者（括弧内の額は、4ヶ月目以降の多数該当） ＜年収約1,160万円～＞ 252,600円＋（医療費－842,000）×1%　（140,100円） ＜年収約770～約1,160万円＞ 167,400円＋（医療費－558,000）×1%　（93,000円） ＜年収約370～約770万円＞ 80,100円＋（医療費－267,000）×1%　（44,400円） ＜～年収約370万円＞　57,600円　（44,400円） ＜住民税非課税＞　35,400円　（24,600円）	70歳以上の者（括弧内の額は、4ヶ月目以降の多数該当） 入院　外来【個人ごと】 ＜年収約1,160万円～＞ 252,600円＋（医療費－842,000）×1%（140,100円） ＜年収約770～約1,160万円＞ 167,400円＋（医療費－558,000）×1%（93,000円） ＜年収約370～約770万円＞ 80,100円＋（医療費－267,000）×1%（44,400円） ＜一般＞　57,600円（44,400円）　18,000円［年間上限144,000円］ ＜低所得者＞　24,600円　8,000円 ＜低所得者のうち特に所得の低い者＞15,000円　8,000円
現金給付	出産育児一時金 （※1）	被保険者又はその被扶養者が出産した場合、原則42万円を支給。国民健康保険では、支給額は、条例又は規約の定めるところによる（多くの保険者で原則42万円）。	
	埋葬料（※2）	被保険者又はその被扶養者が死亡した場合、健康保険・共済組合においては埋葬料を定額5万円を支給。また、国民健康保険、後期高齢者医療制度においては、条例又は規約の定める額を支給（ほとんどの市町村、後期高齢者医療広域連合で実施。1～5万円程度を支給）。	
	傷病手当金	任意給付	被保険者が業務外の事由による療養のため労務不能となった場合、その期間中、最長で1年6ヶ月、1日に付き直近12か月の標準報酬月額を平均した額の30分の1に相当する額の3分の2に相当する金額を支給
	出産手当金	任意給付	被保険者本人の産休中（出産日以前42日から出産日後56日まで）の間、1日に付き直近12か月の標準報酬月額を平均した額の30分の1に相当する額の3分の2に相当する金額

※1　後期高齢者医療制度では出産に対する給付がない。また、健康保険の被扶養者については、家族出産育児一時金の名称で給付される。共済制度では出産費、家族出産費の名称で給付。
※2　被扶養者については、家族埋葬料の名称で給付、国民健康保険・後期高齢者医療制度では葬祭費の名称で給付。

出典：前出・図 3-1 に同じ。

図 3-3　医療保険の保険料

医療費の一部負担（自己負担）割合について

○ それぞれの年齢層における一部負担（自己負担）割合は、以下のとおり。
・ 75歳以上の者は、1割（現役並み所得者は3割、現役並み所得者以外の一定所得以上の者は2割（※））。
・ 70歳から74歳までの者は、2割（現役並み所得者は3割。）。
・ 70歳未満の者は3割。6歳（義務教育就学前）未満の者は2割。
（※）令和4年10月1日から施行。

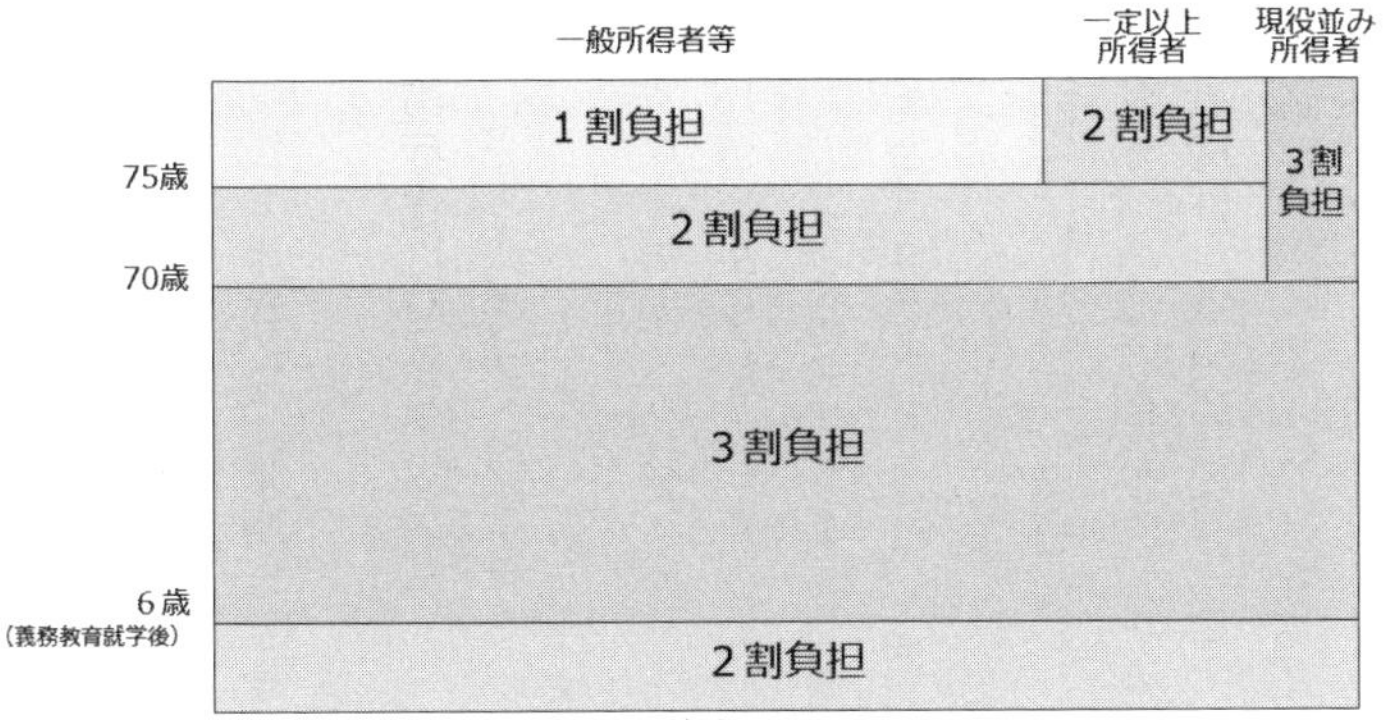

出典：前出・図3-1に同じ。

報の漏洩《ろうえい》や誤登録の発生などで波乱含みである（図3-1〜3）。

2　医療崩壊

(1)コロナ禍の棄民

折しも新型コロナのパンデミックとなり、世界保健機構（WHO）は2023年5月、ワクチン接種が進められたとして「緊急事態終了」を宣言したが、アメリカのジョンズ・ホプキンス大学の集計によると、同月時点で約7億6500万人が感染、うち3332万人が死亡したとされる。日本ではこれまで総額約300兆円を計上したものの、国産ワクチンのなさや〝自宅療養〟という名の棄民もあって3352万8000人が感染、うち7万3000人が死亡、アメリカ、インド、フランス、ドイツ、ブラジルに次ぐ世界ワースト6位となっている。

とりわけ、今般のコロナ禍、保健所による検温や療養の相談、入院の調整などが不十分なため、自宅〝療養〟という名の棄民によって急逝する患者が急増した。パンデミックを教訓に、今後も何よりも地域の実情を踏まえた国民の生命と財産、安全・安心な地域再生のため、医療従事者だけでなく、国立・公立病院や大学病院、自治体の保健所、保健福祉センター、地域包括支援センター、福祉施設、民生・児童委員、社会福祉協議会、町内会・自治会など当該地域の関係機関と情報を共有し、保健・医療・福祉の連携を図ることが何よりも重要である。

⑵受診抑制により重症化に至るケースも

コロナ禍であらわになったのが、パンデミック以前にも重症化や死に至るまで深刻な受診の抑制である。

参考までに、全日本医療機関連合会（全日本民医連）の２０２２年「コロナ禍を起因とした困窮事例調査」によると、同会加盟事業所でつかんだ困窮事例（２０２０年10月から２０２１年12月）を集計し、経済的困窮を伴う３４６事例をまとめている。それらの特徴は、「非正規雇用など経済的不安定層が職を失い、職が見つからないまま困窮に陥っている」「経済的な理由による受診控えが長期化し、重症化、手遅れを招いている」「ひとり親世帯や障がいなど、元から支援が必要なケースがいっそう困窮に陥っている」「コロナ感染症関連の給付金の期間切れによる困窮、生活保護の拒否、水際作成も」「コロナの後遺症により、就労復帰ができずに困窮している事例も」などとしている。

しかし、これらの事例は〝氷山の一角〟にすぎない。同会で集約された事例は、社会福祉法第２条第３項第９号の規定に基づき、生計困難者が経済的な理由によって必要な医療を受ける機会を制限されることのないよう、無料または低額な料金で診療を行う事業として、「無料定額診療所」への受診を促すなどして困窮者を支援するなかで明らかになった事例である。重症化しても、生活保護の医療費扶助や無料定額診療所事業で医療にアクセスできない困窮者は大量に存在し、死に至るケースもありうるのでである。

また、失業や経済的困難で国民健康保険料が払えなくなれば、医療費を全額自己負担しなければならないことも医療へのアクセスを困難にしている。また、保険料を滞納せず収めていても、窓口負担は現役世代で3割負担、75歳以上の後期高齢者の窓口負担は２０２２年10月から一定以上の所得がある世帯の人で1割から2割に負担増となるなど、先進国では無料ないし低額の窓口負担と比べて異常に高い。30年間も実質賃金が上がらない一方、保険料と窓口負担は年々引き上げられているなか、コロナ禍もかぶさって深刻な事態が生じているが、たとえコロナ禍が終息に向かってもなお医療費負担による受診抑制の傾向は由々しき状況である。

また、同調査によれば、「外国人の医療費や分娩に関わる相談では、利用できる制度がない場合もあるとしている。コロナ禍により帰国できない事例や、失職して就労ビザが切れて困窮するケースもあるからである。外国人の医療費について、利用できる制度がなければ無料低額診療事業で対応することもあるが、疾患、治療内容によっては多額の病院持ち出しも生じるため、公的な支援が求められるとのことである。

(3) 疲弊する医療現場

また、コロナ禍であらわになったのは医療提供を担う医療機関の疲弊である。

新型コロナウイルス感染症拡大のもと、「病床逼迫」「医療崩壊の危機」「看護師不足」などが大きくクローズアップされたことは記憶に新しいが、日本の医療をここまで危機的な状況に追い込んできた医療費抑制策に目を向ける必要がある。すでに２０００年代から「医師不足」よる医療機関の廃院、病院での産科や小児科などの診療科の閉鎖など「医療崩壊」が社会問題になっていた。にもかかわらず、政

図3-4　病院・常勤勤務医の週当たり勤務時間・性別分布

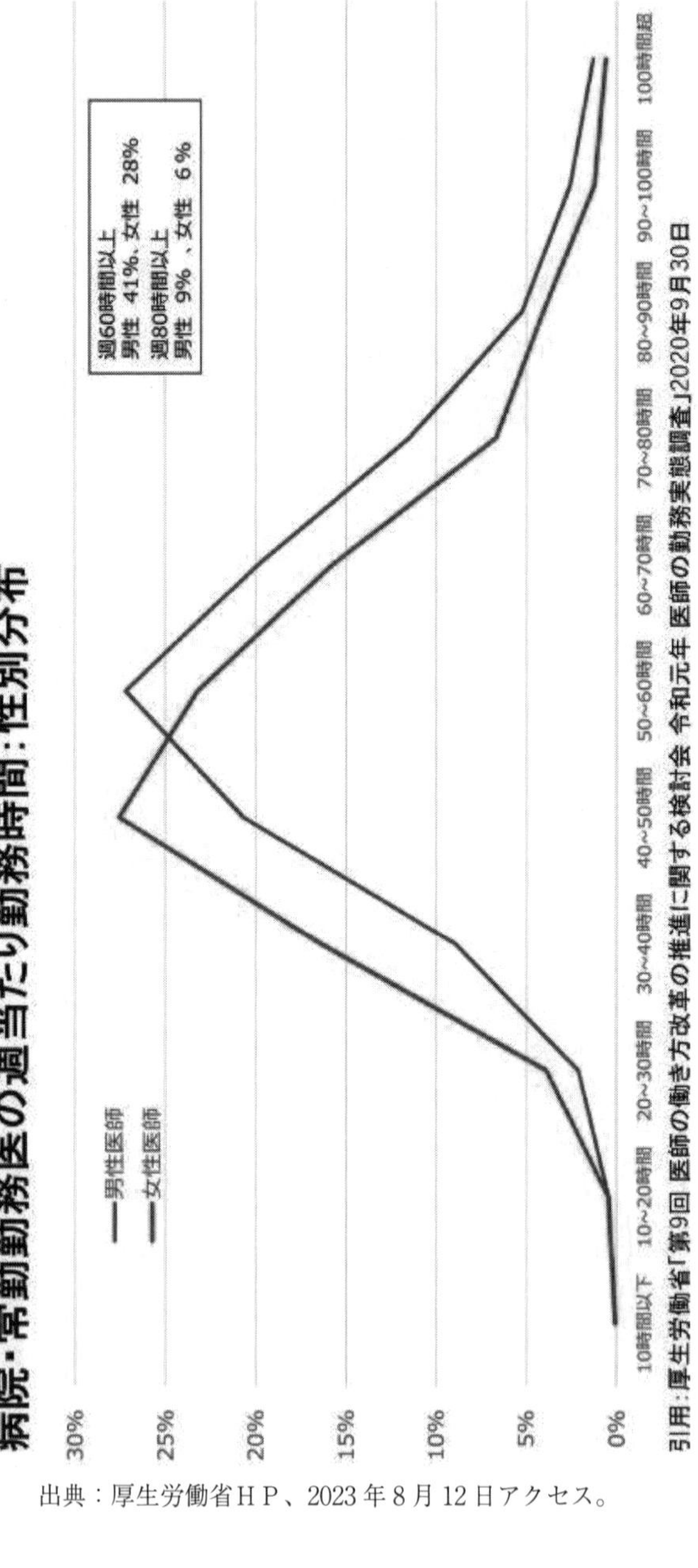

出典：厚生労働省ＨＰ、2023年8月12日アクセス。

府は、後述するように「病院の統廃合」をいっそう推し進めてきた。このような意図的に脆弱化させられた「医療提供体制」のもと、新型コロナウイルス感染症が襲ったのである。ここでは「過労死ライン」まで働かざるを得ない病院勤務医の実態に絞ってみてみる。

厚労省によると、2016年度から2020年度に「時間外労働が年1860時間を超えると推定される医師がいる病院の割合は全体で27％から21％、許可病床400床以上では71％から39％にそれぞれ減少しており、2024年4月から実施される勤務医の時間外労働の上限が休日労働を含め、年960時間が原則となる医師の「働き方改革」以前からこの問題に取り組む保険医療機関が一部でみられる。

しかし、たとえば国内の死因の約15％を占める心疾患の場合、日本心血管インターベーション治療学会（会員約8400人）によると、回答のあった全国864施設のうち、当直明け後もそのまま勤務させられている病院が約半数に上っており、救命率は世界トップであるものの、過労死したり、過労自殺したりして遺族が労働基準監督署（労基署）に労災の認定の申請をしたり、所属する病院などを相手取って損害賠償訴訟を起こしたりするケースも少なくない。

その大きな原因の一つは発症前2か月から6か月の平均時間外労働時間が80時間超、または発症前1か月の時間外労働時間が100時間超と、「過労死ライン」未満にはほど遠い状況にあるためとし、同学会は連続勤務28時間以内を守るには1か所あたり6人から7人の医師が必要としており、現状のままでは業務を縮小、または病院を集約して1か所あたりの医師を増やす必要があるが、地域によってはそれも難しいと訴えている。また、実際は働いているにもかかわらず、労働時間とみなされない〝隠れ宿日直〟もある（図3-4）。

そこで、政府は2024年4月から「医師の働き方改革」と称し、時間外労働を原則年960時間（月80時間相当）に罰則を科すむね規制に乗り出すが、現状では多くの保険医療機関は宿日直の許可を申請している有様である。ちなみに、厚労省によると、2016年度から2020年度で、時間外労働が年1860時間を超えると推定される医師がいる病院の割合は全体で27%から21%、許可病床400床以上では71%から39%にそれぞれ減少しており、2024年4月から実施される勤務医の時間外労働の上限が休日労働を含め、年960時間が原則となる「医師の働き方改革」以前からこの問題に取り組む保険医療機関が一部でみられる。

医師が異常な労働時間を強いられる根本原因は、厚労省が医師数を抑制することで絶対的に医師数が不足しているからである。日医総研が公表している「医療関連データの国際比較 OECD Health Statistics 2019」によると、OECD加盟国38か国の平均は3・5人に対して、日本の医師数は人口1000人あたり2・4人、約13万人も不足している。医療崩壊にいたる長時間労働を解決するためには、医師不足の解消が喫緊の課題とすえられるべきだが、厚労省は医師の絶対的不足を認めず「偏在」(相対的不足)があるとして、医師数の抜本的な増員を否定している有様である。

他方、政府は医師や看護師、医療ソーシャル・ワーカー(MSW)は2040年時点で約1070万人必要なため、このままでは100万人が不足するとみており、このため、とりわけ、医師不足が深刻な地方では看護師が医療や投薬、検査などを担当、医師の業務を移管できる制度(タスク・シフト)の導入が検討されている。

(4)低診療報酬と高額な薬価・医療機器

医療従事者の使命や義務観では持ちこたえず、このような医療崩壊にまで至る惨状を押しつける制度的、構造的な問題がある。コロナ禍以前から、長年低額のままの診療報酬に伴う医療費抑制策と高額な薬価・医療機器により医療機関はすでに疲弊している。

図 3-4　保健所の推移

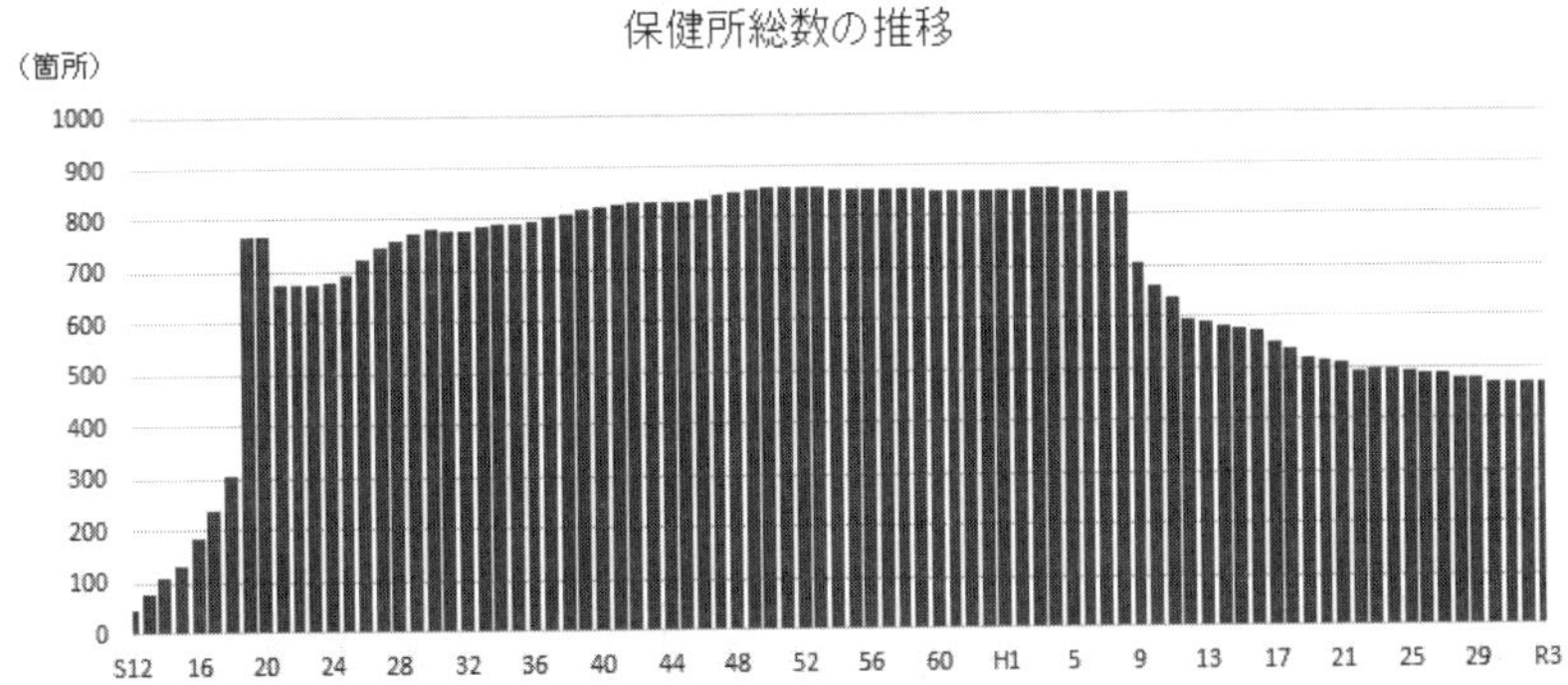

出典：全国保健所長会 HP、2022 年 2 月 28 日アクセス。

診療報酬は公的医療保険から給付する医療の値段と範囲を定めるものだが、その実は医療従事者の人件費だけでなく、高額な医薬品や医療機器・機材を購入する費用や設備投資も含まれる。保険医療機関は、低診療報酬のなかで高額な薬価と医療機器を購入する大きな負担を強いられている。

具体的には、病院やクリニックなどの保険医療機関の医師や保険調剤薬局の薬剤師の診療報酬は２０２２年度の改定に伴い、看護の処遇改善における特例的な対応、および不妊治療の保険適用の特殊な対応が各０・２％、リフィル（反復利用型）処方箋の導入および小児の感染防止対策が各マイナス０・１％、その他０・23％と全体でわずか０・43％の引き上げにとどまっており、１９９８年度の改定以来、ほぼ横ばいである。

低診療報酬の一方で、高額な薬価や医療機器、病室や受診・病室・処方窓口などの設備代についても人件費の高騰もあいまって経営難に陥っているところも少なくない。現に、医療機器は１機器あたり１０００万円以上するものはざらで、医療保健業を営む個人、または法人が取得価格５００万円以上の高額な医療用機器を取得した場合、取得価格の12％の特別償却が認められているものの、２０２３年度の税制改革で本制度の適用期限が２年延長されたほどである。

医療機関と医療従事者が医療費抑制策で疲弊している一方、製薬会社は他業種と比較しても異常に高い利益を上げている。なぜなら、製薬会社は業界の政治団体「製薬産業政治連盟」を通じ、政府・自民党はもとより、野党の一部含め毎年総額1億円もの政治献金をしたり、政治資金パーティー券を購入したり、元厚生官僚を理事長など要職者を定期的に数百人から1000人以上に迎え、数千万円の年収を支払うなど利権誘導しているからである。

(5)公的・公立病院の統廃合、保健所の削減

低診療報酬と医師不足の影響で民間病院の7割が赤字経営であるが、地域医療の不採算部門を担っている公立・公的病院も当然ながらほぼすべてが赤字である。

にもかかわらず、厚労省は「良質かつ適切な医療を効率的に提供する体制の確保」を名目とし、「地域医療構想」なる行財政改革を同年までに終えるよう各病院やクリニックに協力を呼びかけ、400以上の国立・公立・公的病院を統廃合を検討し、医療提供を脆弱にしようとしている。

また、コロナ禍で急激に逼迫し職員が疲弊していた保健所は、保健所法にもとづき高齢者や母子など住民に対する健康診査（健康診断）や健康指導、保健サービス、伝染病・感染症・難病対策、精神保健、災害医療、医事・薬事・食品・環境衛生を所轄する公衆衛生のための公的機関であるが、政府は1994年、行財政改革の一環として同法を地域保健法に改正・改称、それまで全国に848か所あった保健所を2020年までに469か所に統廃合した（図3-4）。この結果、多くの保健所は健康センターや保健センター、保健福祉センターなどに縮小、医師や看護師、保健師の人数も削減されたため、業務に大きな支障を来している。先述の医療崩壊と同様、新感染症対策への平時からの体制を脆弱にした政策上の誤りが明らかである。

⑹無医・無歯科地区の急増

そして、民間・公立ともに不採算・経営難が続くなか、公的公立病院の統廃合が進められることによって、無医・無歯科地区の急増がさらに加速するおそれがある。

政府は明治、昭和、そして、今回の平成と三度にわたる市町村合併とコンパクト・シティ化を提唱、直近の「平成の大合併」では１９９９年当時、３２３２あった市町村に合併特例債や合併算定替などの支援をアメに２０２２年10月までに１７４１に縮減、役場や保育・幼稚園、小・中学校の統廃合や、新幹線、高速道路、地方空港などの整備による公共交通機関の廃止、共同体機能の脆弱化や食料および木材自給率などの低迷によって過疎化が進行して、保険医療機関も不採算ゆえに廃業が続き、無医・無歯科地区が急増している。

厚労省によると、無医・無歯科地区とは中心地から半径約4キロ圏内に住民が50人以上居住している地区をいい、無医地区は２０１９年現在、全国に７７５地区（人口計17万７１７６人）、無歯科地区は同７７５地区（同17万７１７６人）あり、そのワースト3はいずれも北海道、広島、大分両県である。

たとえば、「福祉デザイン研究所（代表・筆者）」の調査によると、日本一高齢化で、かつ集落のほとんどが限界集落となっている群馬県南牧《なんもく》村は１９９５年、農林業の従事者が1万人以上いたが、２０２２年1月には１６３６人と約10分の１に減少、高齢化率はなんと66・4％と全国一で、かつ保健医療機関がないため、患者は近隣の同県下仁田《しもにた》町や富岡市などの病院に入・通院したり、移住したりするなどして限界自治体化している。

このようななか、国土交通省は２００２年に制定された「都市再生を図るための措置を定めた法律（再生特別措置法）」にもとづき保険医療機関を中核都市に集中し、効率よく利活用して持続可能な地域づ

表 3-1　自民党への企業・団体献金

自民党への企業・団体献金		
2019年【政治団体】上位5団体		前年比
日本医師連盟	2億0,000万円	0.0%
自由社会を守る国民会議	8,875万円	-1.3%
日本商工連盟	1,200万円	0.0%
全国宅建政治連盟	1,200万円	+20.0%
日本薬剤師連盟	1,000万円	0.0%

出典：総務省 HP、2023年8月1日アクセス

くりを推進するコンパクト・シティ化を２０２０年までに１５０市町村を対象に推奨している。しかし、これらの先進モデルの１つ、青森市では２００１年、その象徴だった再開発ビルの改修工事をめぐり国と市の補助金不正投入問題が発覚、経営破綻したほか、騒音や振動などの発生や新旧住民の混在に伴い、新たなまちづくりの難題に直面している。

一方、無医・無歯科地区の解消のため、公設民営の自治医科大学は１９７２年に栃木県下野《しもつけ》市に開学するとともに全国の自治体の出資を得て附属病院を併設、研修医を一定期間、各地に派遣している。また、広島県御調《みつぎ》町（現尾道市御調町）は１９８４年に国保病院に健康管理センターを併設、保健・福祉部門の一元化や介護・福祉施設などの整備を図り、２００５年に近隣の町村とともに同市に編入されたものの、厚労省が進めている地域包括ケアシステムの構築を先導、高い評価を受けている。さらに、長野県佐久市の佐久学園は２００８年、佐久総合病院を拠点に農村医療の普及に努めている長野県厚生農業協同組合連合会（ＪＡ長野厚生連）や市と連携して佐久大学を設置、訪問診療・

看護・指導に当たっている。

しかし、これらの取り組みは政府の「地方分権化」や「地方創生」という名の地域無視のトップダウン、すなわち、地域の患者の医療ニーズや保険医療機関の多寡、医療従事者の労働条件など実情を踏まえた事務長をトップとするマネジメント（経営管理）とガバナンス（協治）、経営が必要だが、日本の場合、アメリカのように公認会計士や税理士、中小企業診断士、社会保険労務士など事業の経営や会計監査、財務・納税処理に理解不十分な医師が「武士の商法」ならぬ〝医師の商法〟によって保険医療機関を経営しているため、トップマネジメントを担っておらず、自分で自分の首を絞めているのが実情である。このため、今後はこのような専門職による事務長をトップとするマネジメント（経営管理）とガバナンス（協治）、経営が必要である。また、自治体や社協、ＮＰＯなどとの連携による災害時でのＤＭＡＴ（災害医療派遣チーム）や僻地医療の充実なども求められている。

(7)政治献金による利益誘導

さて、これまで医療費抑制策による医療従事者の疲弊の状況をみてきたが、患者・国民からして医療・医師不信をぬぐえなく、自己改革が求められるところもある。筆者としては、医薬分業が実施されてもなお多剤投与の問題があることや、患者にわかりやすい医療情報を提供することをはじめ、医療倫理など医療界への自己改革を求めたい課題を認識しているが、本書は社会保障の深刻な崩壊状況を考察することを主目的にしているので、一つだけ指摘しておくに留める。それは政権与党への政治献金と集票である。

政治献金については製薬業界だけでなく、日本医師会や日本歯科医師会、日本薬剤師会も政治連盟を通じ、政権与党の自民党に多額の政治献金をしている（表３-１）。政府の医療費抑制策で困難な状況にあるからといって、政権政党に団体献金を続けていては国民からすれば「診療報酬をカネで買う」かのような利益誘導を受けていると不信感をぬぐうことはできない。

三師会の政治団体は毎年、自民党の政治連盟（平成研究会）に2億円から3億円もの政治献金を行っている。長年、診療報酬の大幅な改定がないからといってこのような利権誘導していては、患者や家族など一般国民の生命を預かるプロとして、また、真の国民医療を実現するうえできわめて疑問を抱かざるを得ない。

企業や関係団体が政治家個人に献金することは政治資金規正法で禁じられており、かつ政党や政党が指定した政治資金団体への献金は最大1億円までとなっている。しかし、各企業や関係団体はこれを悪用して政党や政治資金団体に資金を供与、政治家がこれらの資金を受け取り、利益誘導の政治を行っている。しかも、同法に違反しても罰則は最大で禁固5年以下と軽い。2004年、日本歯科医師連盟から橋本龍太郎首相の研究会へ1億円の政治献金が判明したにもかかわらず、収支報告書にそのむね記載していなかったため、虚偽記入の疑いで同法違反に問われたものの、罰則のみで事態収拾が図られたが、このような「政治とカネ」をめぐる問題は今も絶えない。

現に、総務省によると、2019年時点で経団連加盟の大手自動車や電機、原子力プランナー、精密機器メーカーなどは個々の自民党国会議員の政治資金パーティーの会費に総額約5億円も投じ、同党の集票マシーンとなっている。また、同党は政権を通じ、国立・公立・公的病院を統廃合し、かつ常勤職員を大幅に削減したが、コロナ禍の折も折、2021年5月、都内のホテルで約100人規模の自民党議員主催の政治資金パーティーに日本医師会会長が発起人として参加していたことが報じられたことはまだ記憶に新しい。

⑻保健・医療・福祉の連携不足

最後に、次章の介護崩壊にも関わる医療以外の他業種との地域連携の問題についてふれておきたい。政府は医療と介護の連携により緩和ケアをはじめ、認知症対策やリハビリテーション（リハビリ）を推進するとともに、毎年急増している医療費を少しでも抑制するため、「地域における医療及び介護の総合的な確保を推進するための関係法律の整備に関する法律（医療介護総合確保推進法）」にもとづき2025年までに病床の必要量を4つの医療機能ごとに推計、地域医療構想区域を341に設定し、保険医療機関のカルテや保険調剤薬局の処方箋、レセプト（診療報酬明細書）など医療情報の開示と共有、患者代表などによる第三者機関によるチェックを通じ、保健・医療・福祉の連携の強化を図っているが、各自治体との間の連携も不足している。

現に、保険医療機関や特別養護老人ホームなどの介護保険施設をはじめ、介護職や看護師などが慢性的に不足しているため、東京圏の高齢者は地方に移住してはいかがかなどとの乱暴な意見も聞かれる始末である

コロナ禍で脆さが露わになった公衆衛生についても、だれでも住み慣れた地域で生命や財産、安全・安心な生活が確保されるべく政府は国産ワクチンの開発などの予算を大幅に増額することはもとより、[*4]保健所や国立・公立・公的感染症専門の保険医療機関などの整備に努め、専門医や看護師、保健師の配置によって接種率を引き上げるべきである。また、自治体への地方交付税交付金や補助金の増額、さらに国連が2030年までにすべての人の健康と福祉の向上などを掲げるSDGsの達成のため、国際連帯税[*5]を導入するなど、グローバルサウス（新興国・途上国）へのワクチンの輸出や医療従事者の派遣などを通じ、感染防止に努めるべく、国民の生命と財産、安全・安心な生活の確保に努めるべきである。

また、医療保険制度は何よりも憲法第25条に定めている国民の生存権の保障および国の社会保障的義務の履行により、患者の権利を尊重することや医療者の自己改革も必要である。ややもすると国民はふだん健康であれば医療保険制度にあまり関心を示さないが、いざ、病気やけがをすればいずれの保険医療機関に受診すればよいのか、慌てふためく傾向にある。そうではなく、ふだんから主治医（かかりつけ医）を持ち、定期検診を受けて健康増進に努めるだけでなく、良心的な保険医療機関の情報共有などを通じ、患者と医師や看護師などの信頼関係も確立し、互いに適正受診および適正療養に努め、国民医療の持続化に努めたい。

もとより、政府にあっては患者の医療を受ける権利を保障するとともに、医療従事者に過重労働を強いることのないよう医療制度の改正に努めるべきである。このため、限られた税金や保険料を有効に、かつ無駄なく支出すべく厚労省も財務省も、否、これら関係省庁の予算や支出を総理すべく官邸、とりわけ、総理大臣は責任を持って指導・監督すべきで、アメリカにいわれるまま国会での審議もせず、防衛（軍事）費を倍増するなど論外であることをメディアも報道すべきである。

脚注

＊1　65歳以上の要介護高齢者で障害がある場合、所得税や住民税を軽減。

＊2　薬価基準の改定は隔年だが、２０２１年4月、引き下げ。同一処方箋の最大3回まで使用するリフィル処方箋は２０２２年度より導入。

＊3　弁護士や司法書士、行政書士、社会福祉士などの専門職が認知症高齢者や知的・精神障害者、またはそのおそれを懸念する健常者を対象に判断能力（事理弁識能力）の減退前後にその金銭管理や財産管理をすること。

＊4　２０２２年度、コロナ対策があっても約9兆１２００億円と前年比43・5％増にとどまっている。

＊５　２００２年、国連開発資金国際会議で導入を検討、２０２１年現在、ドイツ、フランス、スペインなど8か国が航空券連帯税を実施。日本では超党派による議員連盟が２０２３年の導入に向け、議員立法化。

第4章　介護崩壊

1　介護保険制度の概要

介護保険制度は2000年4月に施行、40歳以上のすべての国民の特別徴収（老齢基礎・退職・遺族年金年額18万円以上）、または普通徴収（同18万円未満など）による保険料と税金を財源に市町村が運営し[*1]、被保険者、もしくは家族が市町村、あるいは地域包括支援センターや居宅介護支援事業所を通じて要介護認定を申請、市町村は本人の心身や生活状況など計74項目について訪問調査および特記事項に記載した認定調査票と主治医（かかりつけ医）の意見書をもとに要介護・要支援度と区分支給限度基準額を決定、「要介護1～5」と判定された場合、介護サービス計画（ケアプラン）[*2]、または介護予防サービス計画（介護予防ケアプラン）にもとづき訪問系、通所系、短期滞在系、居住系、入所系各サービス、「要支援1～2」と判定された場合、介護支援専門員（ケアマネジャー）に入所系以外の介護予防、介護予防地域密着型各サービスを受ける。

しかし、このような仕組みのなかでは在宅で家族が介護しても現金給付はない（図4-1、2）。また、

図 4-1　介護保険の仕組み

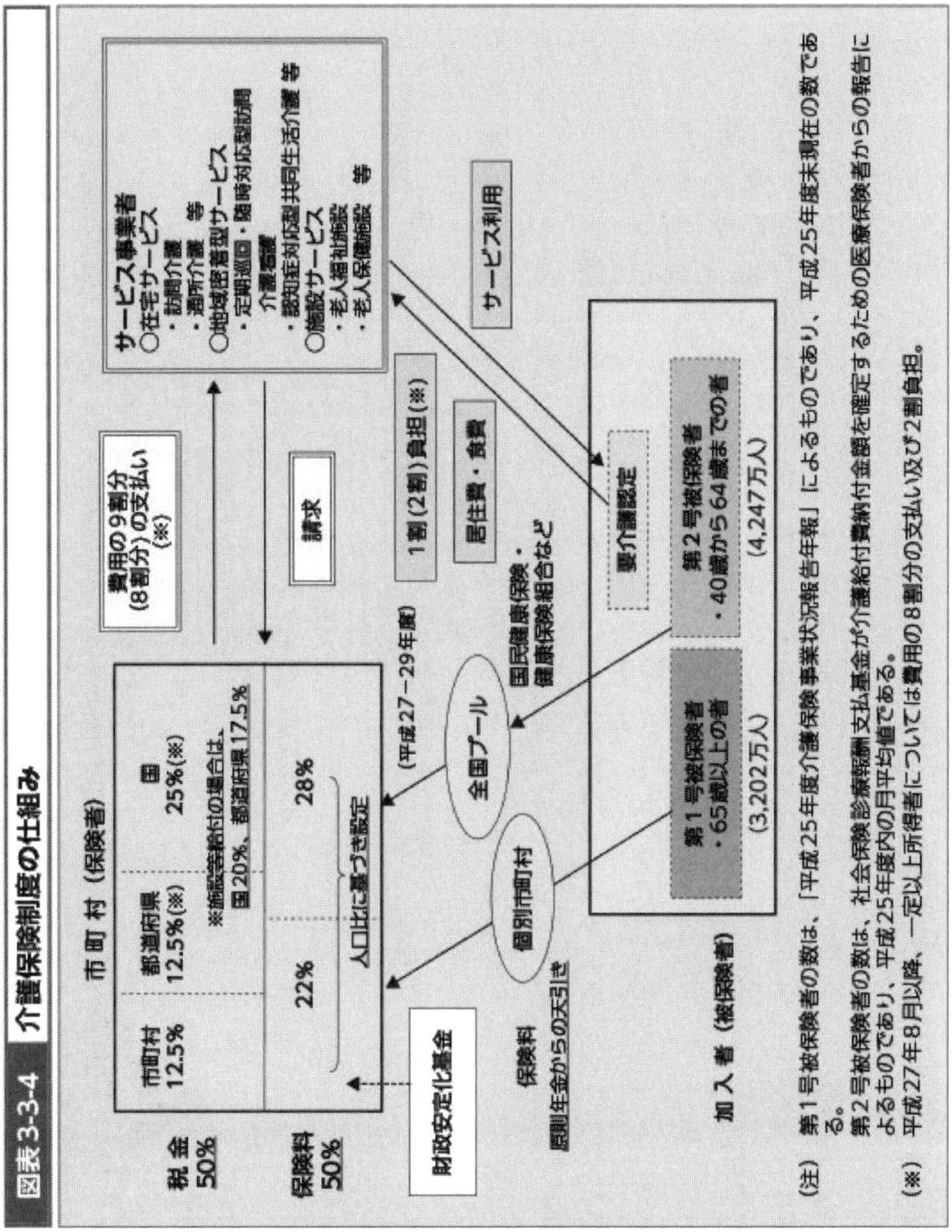

出典：厚生労働省 HP、2022 年 5 月 12 日アクセス。

図 4-2　介護サービスの種類

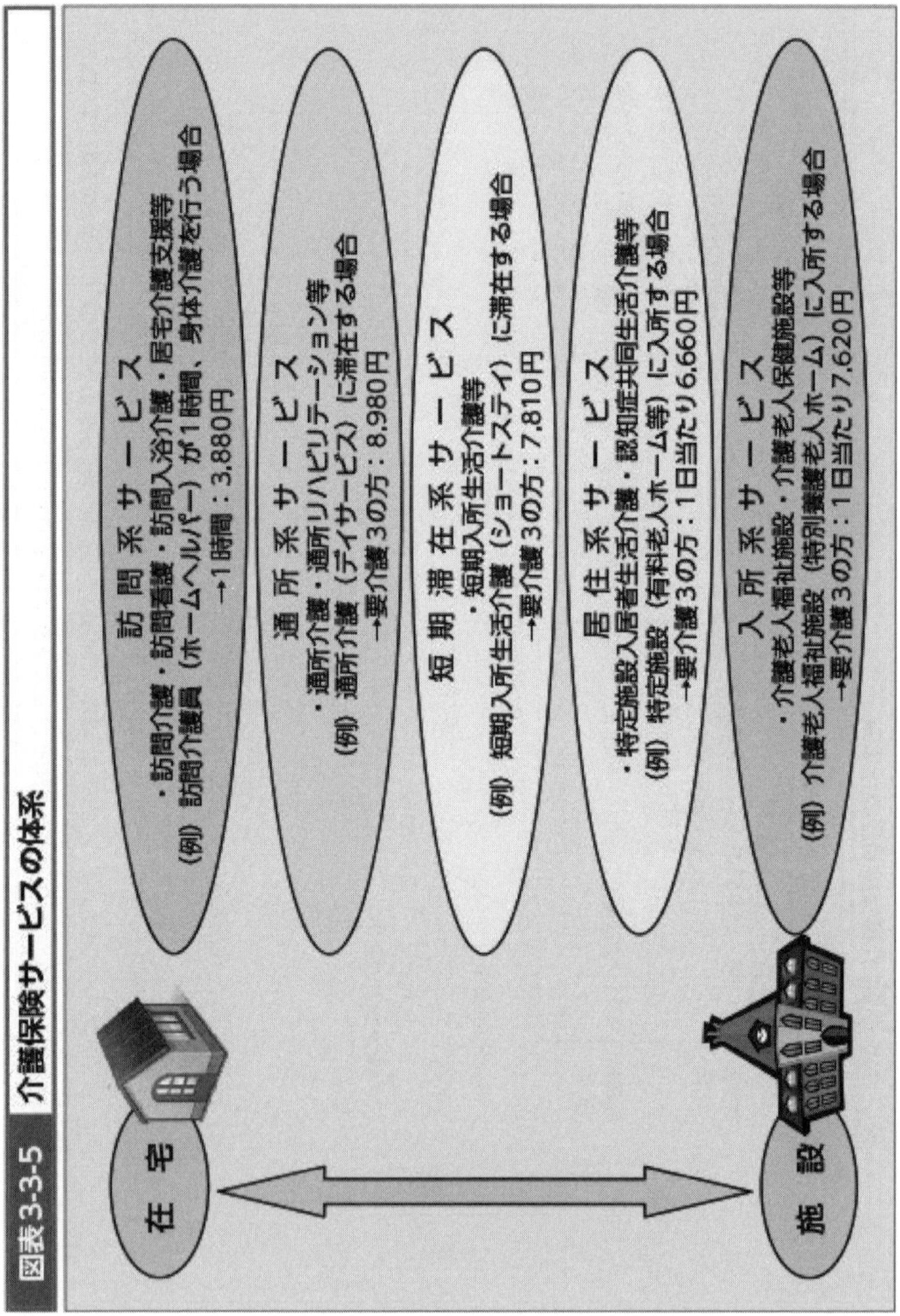
図表3-3-5
介護保険サービスの体系
在宅
施設
訪問系サービス
・訪問介護・訪問看護・訪問入浴介護・居宅介護支援等
(例) 訪問介護員（ホームヘルパー）が1時間、身体介護を行う場合
→1時間：3,880円
通所系サービス
・通所介護・通所リハビリテーション等
(例) 通所介護（デイサービス）に滞在する場合
→要介護3の方：8,980円
短期滞在系サービス
・短期入所生活介護等
(例) 短期入所生活介護（ショートステイ）に滞在する場合
→要介護3の方：7,810円
居住系サービス
・特定施設入居者生活介護・認知症共同生活介護等
(例) 特定施設（有料老人ホーム等）に入所する場合
→要介護3の方：1日当たり6,660円
入所系サービス
・介護老人福祉施設・介護老人保健施設等
(例) 介護老人福祉施設（特別養護老人ホーム）に入所する場合
→要介護3の方：1日当たり7,620円

出典：同省 HP、2022 年 5 月 12 日アクセス。

表 4-1　区分支給限度基準額（1 か月あたりの上限額）

	要介護・要支援状態区分	区分支給限度額（目安）
要支援1	注記5分野の要介護認定基準が25～32分未満 またはこれに相当する状態	5万0,030円
要支援2	同32～50分未満 またはこれに相当する状態	10万4,730円
要介護1	同32～50分未満 またはこれに相当する状態	16万6,920円
要介護2	同50～70分未満 またはこれに相当する状態	19万6,160円
要介護3	同70～90分未満 またはこれに相当する状態	26万9,310円
要介護4	同90～110未満 またはこれに相当する状態	30万8,060円
要介護5	同110分以上 またはこれに相当する状態	36万0,605円

直接生活介助は入浴や排泄、食事などの介護、間接生活介助は洗濯や掃除などの家事援助など、問題行動関連行為は徘徊《はいかい》探索や不潔行為の後始末、機能訓練関連行為は歩行訓練や日常生活訓練などの機能訓練、医療関連行為は輸液の管理や褥瘡《じょくそう》（床ずれ）の処理など診察の補助など。居宅介護福祉用具（年間 10 万円、居宅介護住宅改修同 20 万円上限、居宅療養管理指導など）。

出典：同省 HP、2022 年 5 月 12 日アクセスを改変。

利用料には支給限度があり、これを超えると保険外となって自己負担が増大する。その利用料は原則として区分支給限度基準額の１割だが（表４－１）、年間所得が単身世帯は２８０万円から３４０万円未満、夫婦世帯は３４６万円から４６３万円未満は各２割、３４０万円から４６３万円以上の場合は３割で、これを超えると保険外の上乗せ・横出しサービスとなり、市町村特別給付などがない限り全額が自己負担となる。施設サービスや短期入所生活介護（ショートステイ）を利用した場合、食費や居住費（ホテルコスト）、理・美容代などの日常生活費は所得に応じ、軽減される。

　ただし、たとえば負担額の合計が月額４万４４００円（世帯年収約７７０万円以上）超の場合、超過した金額は高額介護サービス費として払い戻される。もっとも、配偶者が住民税を課税されている場合、負担軽減の対象外（世帯の違いは不問）、また、２０００万円（配偶者がいない場合、１０００万円）以上の預貯金や資産のある者は食費や居住費は全額自己負担となる。低所得世帯の場合、介護保険施設における食費や居住費に一定額の補助がある。

なお、同一世帯で介護保険と医療保険を併用し、介護と医療の利用者負担や医療保険などの支払いが一定の限度額を超えた場合、高額介護サービス費や高額医療合算サービス費の払い戻しがある。このほか、歩行器や段差解消のスロープなど福祉用具貸与、手すりや段差解消などの住宅改修費は一生涯で各20万円以内に限り給付される。非該当（自立）の場合、介護予防・生活支援（訪問・通所）サービス事業や一般介護予防事業の対象となる。

また、介護報酬は国保連・介護給付審査委員会の審査の結果、問題がなければ相当額が介護サービスの施設・事業所に保険者から支払われるほか、利用者からの苦情処理や介護サービスの質の向上に関する調査、指定サービス・指定居宅介護支援事業者、介護保険施設に対する必要な指導・助言を行う。認知症などで判断能力（事理弁識能力）が減退、または不安な場合、財産管理や身上監護（保護）は成年後見制度、サービスの利用手続きなどは市町村社協の日常生活自立支援事業（旧地域福祉権利擁護事業）に相談できる。要介護認定に不服があれば都道府県の介護保険審査会に申し出ることもできる。

もう一つ、雇用保険の被保険者が家族のため、休職や退職した場合、給料の一部を介護休業給付金、また、自治体から家族介護慰労金が支給されることもある。

なお、障害者総合支援法にもとづき自立支援給付を受けていた障害者は65歳になると介護保険の対象に切り替えられ、従来のサービスは受けられなくなる。これに対し、生活保護の受給者は要介護・要支援の場合、介護扶助が現物給付となるため、保険料の全額、または一部負担なしで介護保険を利用することができる。

2　介護崩壊

(1)介護難民急増による〝介護地獄〟

厚労省によると、要介護者などからみた主な介護者の続柄は同居の配偶者が25・7％、子どもが20・9％、同配偶者が15・2％となっており、65歳以上の高齢者の夫を同年齢の妻が介護する〝老老介護〟、またはそれもいずれか、もしくは夫婦ともども認知症で〝認認介護〟をしており、介護保険施設や介護事業所の訪問介護員（ホームヘルパー）の訪問介護を受けているのは全体の13・3％にすぎず、介護難民となっている。

介護難民とは「要介護3」以上と認定されて介護サービス計画（ケアプラン）を作成、近くの特養の入所を希望してもかなわず、待機者とされている人の実数を指し、高齢者が多い都市部では入所者が死亡したり、終末医療や看取りのため、保険医療機関やホスピス（終末介護・緩和ケア施設）に転院・転所したり、家族が自宅に引き取ったりしない限り入所できない状態をいう。このため、子どもや孫などが仕事を休職、または退職して老親を自宅で介護せざるを得ない状態に追い込まれ、家族全体が経済的にも心理的にも困窮、または介護疲れから老親を殺害したり、老夫婦が無理心中を図るなど刑事事件まで生じている。

その象徴的な出来事は2021年6月、神戸市で81歳の妻を自宅で介護していた80歳の夫が路上に止めたマイカーの中で妻の首や胸などを数か所、持っていた包丁で刺して殺害して逮捕され、神戸地方検察庁（地検）から殺人罪で起訴された事件である。また、2023年5月に、兵庫県稲美町の自宅で88歳の父親の介護に当たっていた63歳の無職の息子が父親の首を絞めて殺害、加古川署に殺人容疑で逮捕された事件もある。

介護離職は、2022年に10万人以上に上って社会問題として知られているが、介護地獄はそれだけにとどまらない。親子同居世帯で現役世代の子どもが老親の介護に当たっているケースもある。長引く景気低迷とあって80代の老親が50代の子どもを生活支援せざるを得ない「8050問題」や児童生徒が同居する両親や祖父母の食事や入浴、介護などの支援にあたり学校の授業や課外活動、塾通いも思うに任せない「ヤング・ケアラー」などの問題も派生している。

さらには、介護と子育てを同時に担わなければならずに「ダブルケア」の問題も顕在化している。子育てで体力が限界にあるのに認知症の親のケアをしなければならない。さらには、知的障害のある子どもを育てながら認知症の親の介護もしなければならないといった、子育てと介護を同時にしながら働いてる家庭にあっては、日常生活を回すだけでも大変ななか、相続や後見制度など行政の手続きが煩雑なことも含めて、行政の窓口に相談に行く機会も困難になっている。

政府はすべての団塊世代が75歳以上となる2025年をメドに中学校通学地域（中学校区）を単位に従来の在宅（老人）介護支援センターを地域包括支援センターに再編し、重度な要介護状態となっても住み慣れた地域でだれでもいつまでも自分らしく生活できるよう住まい、医療、介護、生活支援が一体的に提供すべく各市町村に呼びかけているが、前述のような困難な家庭を支援するには十分な対応ができていない。

また、肝心の介護老人福祉施設（特別養護老人ホーム・特養）の整備が遅れている。2022年4月現在、入所待機者は約27万5000人と2019年4月時点での32万6000人よりも減っているものの、まだまだサービスは足りていない。

訪問介護員（ホームヘルパー）の訪問介護は要介護度にもとづくケアプランにもとづき週2日から3日

程度のため、サービス提供が足りていない。このため、すべての団塊世代が75歳以上の後期高齢者となる2025年、さらには本格的な少子高齢社会および人口減少となる見込みの2065年を前に〝介護地獄〟はさらに深刻化するおそれがある。すでにみた刑事事件にまで至る事例に象徴されるように、自宅で夫婦や親子による介護殺人やネグレクト、すなわち、介護放棄や親子無理心中、介護殺人が毎年のように各地で発生している。

また、警察庁によると、認知症で行方不明者の届け出は2022年、1万8709人と前年比1973人増で統計を取り始めた2012年以降、10年連続で増加、過去最多となっている。さらに、同省によると、市町村に届けをせず、受け入れている施設は2022年6月末現在、626施設と特養の全体の3・8％に当たる〝ヤミ施設〟まで登場している。

⑵「保険あって介護なし」の国家的詐欺

介護サービスは「要介護1～5」、または「要支援1～2」と認定された場合に受けられるが、実は制度そのもののサービスの基盤が十分整備されないまま〝見切り発車〟され、「保険あって介護なし」といわれる。保険料を納めた人には平等に給付を行う保険制度の大前提が崩れているため、制度創設時に厚労省老健局長だった堤修三氏も、「介護保険は国家的詐欺」と厳しく批判しているほどである

政府は1989年、「高齢者保健福祉推進10か年戦略（ゴールドプラン）」として総額約6兆円を計上、そして1994年、「高齢者保健福祉推進10か年戦略施策の見直し（新ゴールドプラン）」、2000年、「今後5か年間の高齢者保健福祉施策の方向（ゴールドプラン21）」にもとづきホームヘルパー（訪問介護員）約20万人、デイサービス（通所介護）同2万か所、介護老人福祉施設（特別養護老人ホーム・特養）同30万床などを整備目標に掲げ、すべての市町村に老人保健福祉計画（現老人福祉計画など）の策定を義務づけ

たものの、ホームヘルパーは10万人から17万人、デイサービスは1万人から1万7０００か所、特養は24万床から29万床などにとどまったにもかかわらず、「(不足するサービスの整備は) 走りながら考えればよい」とされて強行している。

参考まで、日本弁護士連合会 (日弁連) の調査によると、同計画の最終目標である１９９９年度までに「十分実施できる見込み」とした市町村は回答を寄せた１３７のうち、全体の37％しかなく、残りの市町村は「財源・人材 (マンパワー) のいずれの確保に問題」などと表明している。また、日経産業消費研究所がほぼ同時期に実施した調査でも「整備目標は計画どおりに達成できるか」との問いに「達成は困難だと思う」、あるいは「わからない」と答えた市町村が圧倒的だった。さらに、筆者らが全国の市町村のなかで比較的前向きに高齢者介護に取り組んでいる全国10市町村を抽出、同計画の策定状況やその整備の見通しなどをアンケート調査した結果、ほとんどの市町村は財源や人手不足などを理由に「整備が不十分」、あるいは「２０００年4月の制度実施に間に合わない」などと回答している。

それだけではない。厚労省は２０１５年4月に突如、特養の入所条件は「原則要介護３」以上に限ると変更したが、それでも「要介護３」以上の要介護認定を受け、特養への入所を希望しながら入所できない待機者は２０２２年4月時点で約25万３０００人に及んでいる。このような事態を予見したのか、当時、「計画どおりに実施されなければ国家的な詐欺になる」と自民党の某国会議員でさえこう発言したものである。加えて、今般、新型コロナに見舞われたため、有能な人材が集まらず倒産したり、派遣職員などに高額な給与を支給したりしてやりくりしているのが大方の実態である。

また、40歳から65歳未満は事実上、保険料掛け捨てとなっている。40歳から65歳未満の第2号被保険者は16の特定疾病が原因で介護を希望する場合、要介護認定を受け、認定されてはじめて介護サービスを受けることができるむね制限されている (表４‐２)。この結果、２０２１年1月分の認定者数は第1

号被保険者の６６６万２４００人に対し、第２号被保険者は12万９３７０人と全体の０・01％にとどまっている。

しかも、現金給付はなく、事実上、〝高齢者介護保険〟となっている。また、居宅介護に当たる家族への現金給付はない。介護保険を導入する際に政府が参考にしたドイツの介護保険は、１９９５年１月に制度化されるまで10数年もかけて検討した結果、すべての国民を対象とした現金給付が導入されている。これに対して日本の場合、数年しか検討されない拙速さで、かつ居宅介護に当たる家族への現金給付はなく、その導入にあたりドイツの介護保険を参考にして制度化したとは思われない。

表 4-2　特定疾病

1．がん（医師が一般に認められている医学的知見に基づき回復の見込みがない状態に至ったと判断したものに限る。）※
2．関節リウマチ※
3．筋萎縮性側索硬化症
4．後縦靱帯骨化症
5．骨折を伴う骨粗鬆症
6．初老期における認知症
7．進行性核上性麻痺、大脳皮質基底核変性症及びパーキンソン病※【パーキンソン病関連疾患】
8．脊髄小脳変性症
9．脊柱管狭窄症
10．早老症
11．多系統萎縮症※
12．糖尿病性神経障害、糖尿病性腎症及び糖尿病性網膜症
13．脳血管疾患
14．閉塞性動脈硬化症
15．慢性閉塞性肺疾患
16．両側の膝関節又は股関節に著しい変形を伴う変形性関節症
（※印は平成18年4月に追加、見直しがなされたもの）

出典：同省 HP、2022 年 5 月 12 日アクセス。

加えて、政府はさらなる保険料の引き上げとともに、原則１割の利用料負担２割負担、さらには３割負担を導入する案を検討している。利用料が高くなれば、介護給付を受けることが抑制されていくことが懸念される。

⑶高額な有料老人ホーム、サ高住、シニア向け分譲マンションへの依存

前述したように、低所得者層からも保険料を徴収しながら保険で入所できる特養がまったく不足している一方、有料老人ホームなど高所得者対象の介護ビジネスが広がっている。

２０２０年の国勢調査によると、一人暮らしの高齢者は約６７１万６８０人と全世帯の38％を占めている。また、厚労省によると、認知症高齢者は２０１２年の同４６２万人から２０２５年には同７００万人に増えるといわれている。そうしたなか、総額約30兆円もの新たな介護市場としてシルバーサービスへの異業種からの事業参入が進み、有料老人ホームは２０２０年現在、全国に１万５９５６か所あり、定員約63万人に上っているが、１人あたり数千万円から１億円の入居金や毎月７万円から25万円、夫婦の場合、15万円から50万円の管理費や生活費が必要など高額なため、元国会議員や官僚、大企業ＯＢなどが入居しており、庶民には〝高嶺の花〟となっている。しかも、看取り介護などが必要になれば退所を強いるところが大半のため、〝終身介護〟なる金看板にも疑義がある。

参考まで、東京商工リサーチなどによると、住宅型を中心に経営難で閉鎖するところが急増、２０２２年現在までに計３６４か所に上っている。また、自治体への無届出や満室にならず倒産したものの、入居金が償還されなかったり、重度化したら退去させられたりするトラブルも聞かれる。ちなみに、全国有料老人ホーム協会によると、介護付きの入居期間が最も多いのは3年から5年、医療的ケアや経済的な負担増、要介護に伴う身体の悪化などで5年以内に退去する人が過半数を超えており、長年、体験入居などを通じて調査研究している筆者にいわせれば〝終身介護〟や看取りなどは経営母体が医療法人以外、信用できないと認識している。

このような惨状があるので、入居契約を結ぶ際、複数の有料老人ホームから見積書をもらって比較検

討したうえ、体験入居して必要な情報を入手、入居するかどうか最終判断することが必要である。

他方、サービス付き高齢者向け住宅（サ高住）やシニア向け分譲マンションも急増しているが、それらは所詮、住宅にすぎない。

サ高住の登録数は2022年4月現在、計8139棟、27万8776戸、また、シニア向け分譲マンションは2023年4月現在、同1497か所と急増、有料老人ホームのような数千万円から1億円もの入居金は不要なうえ、1か月から2か月分の家賃の敷金や礼金のみ、また、要介護度などの入所要件もないため、気楽かと思われるかもしれないが、前者は元国土交通省所管の高齢者専用賃貸住宅（高専賃）、後者は第三者に転売できるなど一般の分譲マンションと変わらない。このため、転売も可能だが、いずれも要介護になった場合、訪問介護などを受ける手続きを自分でしなければならず、所詮は住宅にすぎないため、一部でトラブルを招いている。

現に、元東京23区の福祉職だった80歳代の独身女性は数年前、近くのサ高住に入居したものの、加齢によって要介護状態になったため、介護サービスの提供を申し出たところ拒否されたと筆者に相談があった。そこで、筆者はサ高住の限界を説明したうえ、弁護士を交えて施設側と交渉するよう助言した結果、1年後、事業者が交代して引き続き入居できたものの、介護サービスは外部の介護事業所と契約、別途負担して利用することで一件落着したほどである。

政府は民間の賃貸住宅で高齢者や障害者がひとりで安心して暮らせるよう見守り機能がある住宅の普及に乗り出すほか、2023年6月、「共生社会の実現を推進するための認知症基本法（認知基本法）」を制定、自治体も認知症高齢者に対する適切な保険医療や福祉サービスの提供や就労、社会参加の機会の確保、バリアフリー化、見守り体制の整備などに努める方針である。しかし、その際は財産管理や遺品整理などをねらった悪質商法への対策も考慮すべきである。

なお、自宅や土地を担保に老後の生活費や介護サービスの利用料を借り、死後、売却して清算するリバースモーゲージ（不動産担保式融資）もあるが、これは信託銀行などの金融商品にすぎないため、介護職の人手不足によるトラブルや、新型コロナのクラスターをおそれ基礎疾患（持病）を有する入居者や利用者への居宅サービスの縮小などで倒産したり、経営危機を招いていているところもある。このため、有料老人ホームなどと同様、体験入居や入居者、地元の地域包括支援センターなどの評判も聞いたうえ、契約すべきかどうか判断する慎重さが必要である。

(4)低い介護報酬による低待遇ゆえに人員不足

介護サービスの利用者は２０２２年度、６５２万４４００人と前年度よりも14万２７００人多く過去最多となったが、サービスを担う介護・看護職不足は深刻である。そして将来予測も見通しは明るくない。『厚生労働白書（令和４年版）』によると、２０４０年には医療・介護従事者として約１０７０万人必要であるのに対し、現状では同９７４万人にとどまっているため、差し引き同96万人不足する。また、同省によると、総人口は年々減少しているものの、65歳以上の高齢者は増加傾向にあり、要介護・要支援認定者は２０２５年に約７８３万４０００人、２０４０年に同９５６万７０００人に増える見込みのため、介護職員は32万人から69万人増員する必要があるにもかかわらず、現状でも全国の特養の半数以上が人手不足と回答している。

また、介護労働安定センターによると、介護従事者の平均年齢は54・４歳で60代以上が37・６％、70代以上が12・２％を占めているほか、残業も１週間当たり５時間から10時間未満が全体の10・９％から24・２％である。さらに厚労省によると、２０２２年12月現在、介護従事者の平均給与は月額31万８２３０円と前年同月よりも１万７４９０円増えたものの、全産業の平均給与と比べるとまだ同４万円以上も低く、5人から6人に1人の割合で離職している。年収も約380万円と全産業のそれよりも同75万円少ない。まして非常勤ともなればそれぞれその半額程度である（図4-3、表4-3）。このような冷遇のため、介護サービスの有効求人倍率は2023年7月現在、3・88倍と全産業の同1・5倍をはるかに上回っているにもかかわらず、人手不足が慢性化している。

それゆえ介護系学校にも学生が集まらず、募集の停止や学科の廃止、廃校の福祉系専門学校や短大が相次いでいる。介護福祉士などの国家資格を取得できる介護系専修（専門）学校や短大は介護保険が導入された2000年4月前後、介護系の学部や学科を増設したものの、少子化を背景に18歳人口が年々減少しているうえ、重労働の割には低賃金のため、その後、地方の小規模の学校の入学志望者が年々は激減、定員割れや廃校に迫られている。

介護職が重労働であるのは介護職の配置基準が利用者3人に対し1人と少ないことがあるが、その割には低賃金にとどまっているのは介護報酬が低すぎるからである。

介護事業者が要介護者、要支援者の利用者に介護サービスを提供した場合、その対価として事業者に支払われる介護報酬はそれぞれのサービスごとに厚労大臣が定める基準によって算定、3年ごとに改定されるうえ、介護事業所のサービス提供体制や利用者の状況に応じ、加算、または減算されることになっている。このため、国費を大幅に投入し介護報酬を抜本的に引き上げない限り、介護労働不足は解消されないのである。

低報酬は人員不足とともに経営難ももたらしている。厚労省によると、介護・医療施設は2021年現在、1万3700か所、介護事業所は同約7万5000か所あるものの、コロナ・ショックも重なって経営悪化とあって倒産や休業、廃業が2020年1月から9月だけでも計407件に及んでおり、このままのペースだと年間倒産件数は前年の19年の111件、また、同休業・廃業件数も445件とと

図 4-3　各業種別の年収

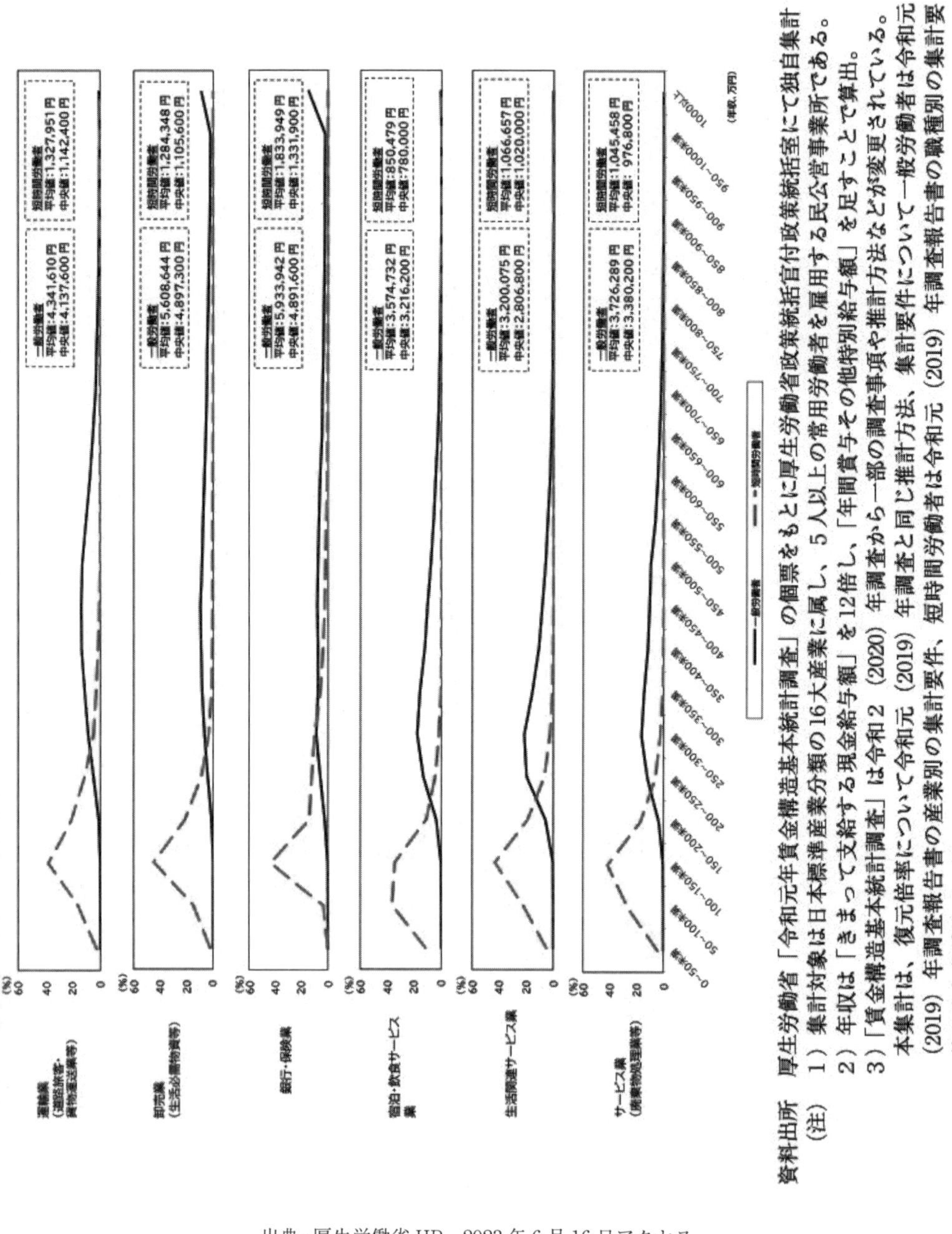

資料出所　厚生労働省「令和元年賃金構造基本統計調査」の個票をもとに厚生労働省政策統括官付政策統括室にて独自集計
（注）1）集計対象は日本標準産業分類の16大産業に属し、5人以上の常用労働者を雇用する民公営事業所である。
2）年収は「きまって支給する現金給与額」を12倍し、「年間賞与その他特別給与額」を足すことで算出。
3）「賃金構造基本統計調査」は令和2（2020）年調査から一部の調査事項や推計方法などが変更されている。本集計は、復元倍率について令和元（2019）年調査と同じ推計方法、集計要件について一般労働者は令和元（2019）年調査報告書の産業別の集計要件、短時間労働者は令和元（2019）年調査報告書の職種別の集計要件により作成している。

出典：厚生労働省 HP、2023 年 6 月 16 日アクセス。

第2-(1)-11図　業種別の賃金（年収）の状況

○　業種別・就業形態別に賃金（年収）の状況をみると、「医療業」では一般労働者の年収の平均値は全産業の平均値と同程度であり、短時間労働者の年収の平均値は全産業の平均値よりも高い。「社会保険・社会福祉・介護事業」では一般労働者の年収の平均値は全産業を下回っている。「小売業（生活必需物資等）」では一般労働者、短時間労働者ともに年収の平均値は全産業を下回っている。

○　このほか、「宿泊・飲食サービス業」「生活関連サービス業」「サービス業（廃棄物処理業等）」で一般労働者、短時間労働者ともに年収の平均値が全産業を下回っている。

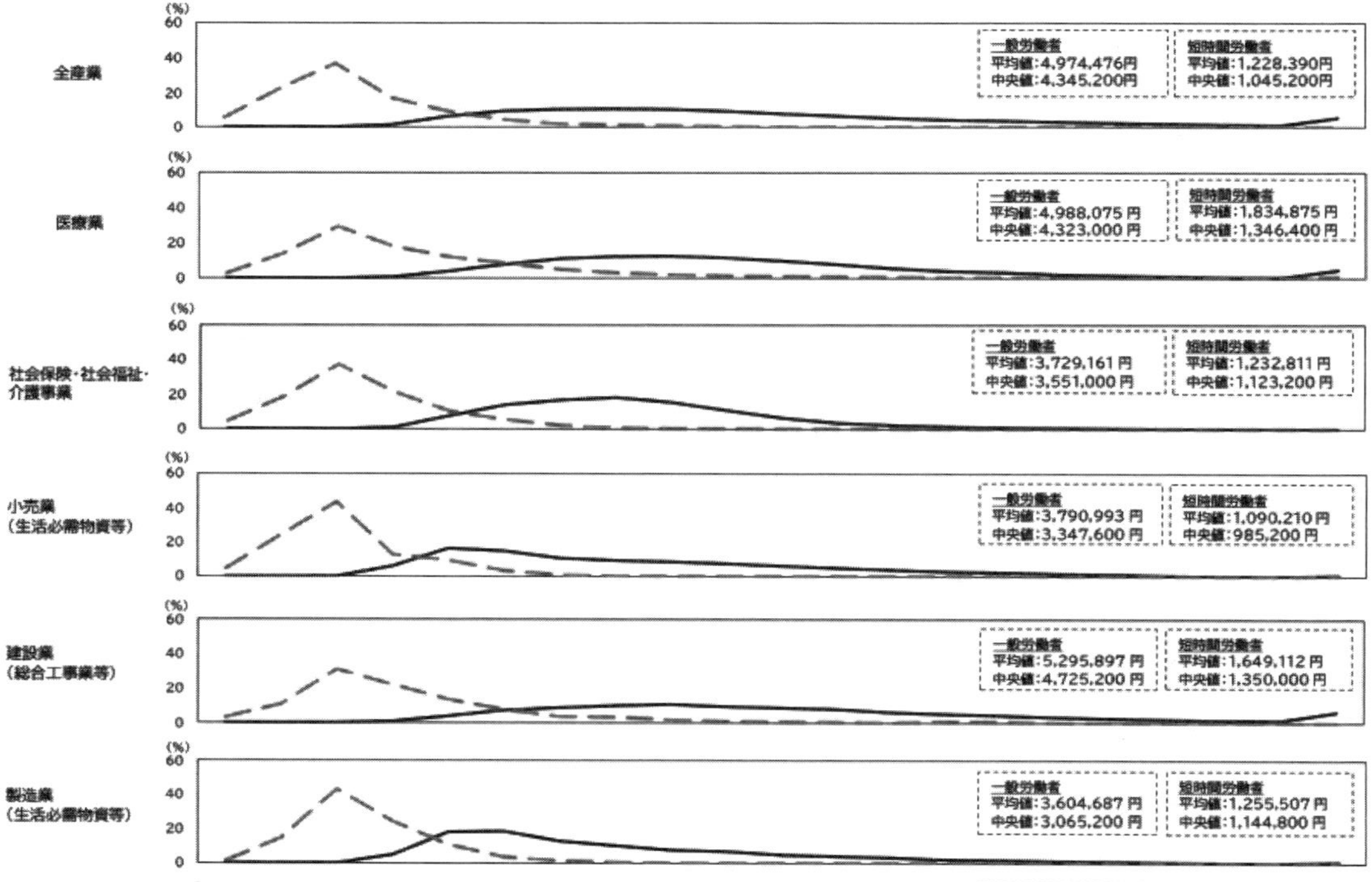

もに上回り、過去最多になる見通しである。

このようななか、厚労省は2019年10月、特定処遇改善加算を創設、10年以上勤務している介護福祉士の月給を8万円に引き上げたほか、月額3万7000円の介護職員処遇改善加算、介護ロボットや施設職員のサポートなどに努めている。また、2020年度までに約25万人の介護人材を確保すべく賃金の引き上げや介護ロボット、IT（情報通信）、外国人技能実習生の確保による人手不足の解消、介護業務の効率化、利用者の要介護度を軽減した場合、介護報酬の増額など雇用・労働環境の改善、介護福祉士をめざす学生への学費貸し付けの拡充に踏み切った（図4-4）。

しかし、抜本的な介護報酬の引き上げでさらなる待遇改善が図らなければ、先述した介護サービスのニーズに応じた介護職の不足は根本的には解消されない。介護費用は約11兆291億円と制度が始まった2000年度と比べて約2・5倍、2025年には同21兆円に急増すると推計されている。また、これ以上の保険料や利用料の引き上げは「国家的詐欺」ともいわれる介護供給の不足への国民の負担もあるために、国費の割合を大幅に引き上げるなど介護サービス提供体制を確保することが喫緊に求められる。

介護の労働力不足への対応として外国人技能実習生の登用が進められてはいる。[*3] 法務省などによると、2022年6月現在、農村部のベトナム人を中心に外国人技能実習生は約41万人を数え、介護など計86業種に従事、いずれ各スキルを得て帰国する予定だが、技能実習とは名ばかりの過重労働と低賃金、人権侵害などのために離職したり、また、コロナ禍で解雇されて失業したりしている。なかにはパスポートを担保にヤミ金融に手を出したり、犯罪に走ったりするケースもある。こうした問題が生じているため、政府は2024年以降、外国人技能実習制度を廃止、新たな制度を創設する方針である。

介護ロボットの導入についても、介護は基本的には対人援助のため、政府は介護の現場をどこまで認

表 4-3　介護・看護職などの賃金

	月給の者		日給の者		時間給の者	
	労働者	平均賃金	労働者	平均賃金	労働者	平均賃金
	個別人数	（円／月）	個別人数	（円／日）	個別人数	（円／時間）
全体	3万8,715人	21万7,753円	1,604人	8,667円	2万9,204人	1,136円
訪問介護職員	2,078人	19万1,751円	228人	8,804円	9,190人	1,289円
サービス提供責任者	1,995人	21万9,663円	34人	9,235円	253人	1,102円
介護職員	1万9,106人	19万8,675円	912人	8,155円	1万2,035人	935円
看護職員	4,269人	26万6,504円	118人	9,599円	3,049人	1,369円
介護支援専門員	2,401人	25万499円	23人	9,729円	245人	1,273円
生活相談員または支援相談員	3,004人	23万2,389円	32人	7,709円	451人	1,009円
事務所管理者（施設長）	6,046人	35万13円	-	-	-	-

出典：介護労働安定センター HP、2022年5月25日アクセス。

識しているか、きわめて疑問である（図4‐4）。

⑸高齢者への虐待

介護職の不足と提供体制の脆弱もあいまって高齢者への虐待も見過ごせない。

介護は世話や心遣い、配慮、注意、見守り・安否確認などときわめて幅広い業務であり、一口に虐待といっても身体的虐待はもとより、心理的虐待や介護、世話など職務の放棄・放任、経済的、性的虐待などさまざまである。厚労省によると、介護職員による虐待は２０２１年に介護施設での教育不足や職場環境によるストレスが原因で過去最多の７３９件に上っている。また、在宅介護で家族や親族などの介護者が高齢者虐待をしたケースも２０２０年度に計１万７２８１件と、前年度比２・１％増で過去最多となっている。

また、これに関連し、身上監護（保護）や財産管理をめぐり「８０５０問題」が急増しているほか、介護保険や医療保険、民間保険などの請求手続きやその理解に苦慮しているのが実情である。ちなみに、成年後見制度があるが、これは認知症などで判断能力が減退、または低下した高齢者の身上監護や財産管理を行うもので、社会福祉士や司法書士、行政書士、弁護士が家裁から任命されたのち代行するため、親族は被後見人の財産に手を出せなくなる。家庭裁

図 4-4　2020 年代初頭に向けた介護人材確保の方向性

出典：同省 HP、2022 年 7 月 30 日アクセス。

判所（家裁）に任命されれば親族が成年後見人になることも可能であるが、それはまれなケースにとどまる。

このようななか、新型コロナの感染拡大防止に伴い、訪問・通所系介護支援事業所や有料老人ホーム、サ高住のサービス提供の中止や保険医療機関による受診、通院・入院、療養を縮減、自宅待機や閉鎖などによって入所や通所・入院できず、自宅〝療養〟という名の棄民によって死亡するなどの惨事も招いている。毎年約3万人にも及ぶ自殺者のなかにはこのような窮状によるケースも見受けられる。

なお、関連して〝老後破産〟も深刻で、厚労省などによると、高齢者の全体の16分の1（6・25％）がこのような状態に置かれている。とくに独居高齢者の場合、同3分の1に上っている。とりわけ、住宅ローンが残っていると貯蓄を増やすことは難しくなる。また、家賃や固定資産税、マンション管理費なども負担になるほか、非婚化や晩婚化、晩産化によって住宅ローンの借り入れ時期が遅くなり、その返済期間と年金生活が重なってしまうこともある。このため、若いうちから計画的に住宅ローンを返済して完済し終えたり、貯蓄をしたりしておくなど早めに対策を講じておきたい。

このほか晩婚・晩産の場合、子どもの自立も遅いため、老後にさまざまな費用がかかってしまうおそれもある。熟年離婚も老後に生活できない状態に陥る理由の一つで、挙句の果ては親子無理心中や介護殺人事件に及ぶことも珍しくない。ちなみに、厚労省によると、施設や家庭での障害者の虐待は2021年度に2960人と前年比295人増だった。

少子高齢化の進展や親子別居が増えるなか、〝老老介護〟や〝認認介護〟が増加しているため、「遠くの親類（戚）より近くの他人」という諺もあるように遠隔地に住んでいる親類よりも近所の人を頼ることができるよう町内会・自治会などを中心に地域共同体（コミュニティ）の形成、また、市町村や社協、民生委員・児童委員協議会（民児協）、地域包括支援センターなどによる見守りなど地域福祉の推進が必要である。

⑹「地域共生社会の実現」の不透明

最後に、「地域共生社会の実現」の不透明さについて指摘しておきたい。

政府は2015年に「認知症施策推進5か年計画（オレンジプラン）」を「認知症施策推進総合戦略（新オレンジプラン）」に見直し、すべての団塊世代が75歳以上の後期高齢者となり、認知症有病者が高齢者の5分の1にあたる約700万人と推計される2025年にかけ、認知症への国民の理解を深めるべく認知症の容態に応じた適時・適切な医療・介護などの提供や若年性認知症施策の強化、認知症高齢者の介護者への支援、認知症の人を含む高齢者にやさしい地域づくり、認知症の予防・診断・治療法、リハビリ・介護モデルなどの研究開発およびその成果の普及、認知症高齢者やその家族の支援の重視などに努めている。

また、近年の少子高齢化の進展や人生100年時代を迎え、2025年をメドに地域包括支援センターを中核とした地域包括ケアシステムの構築により「地域共生社会の実現」をめざし、高齢者が自分らしく暮らせるよう住まい、医療、介護、予防、生活支援などのサービスを包括、提供すべく同センターは2021年3月現在、全国に5351か所あり、「ゴールドプラン」をはじめ、「新ゴールドプラン」、さらに「ゴールドプラン21」にもとづき中学校通学区域（中学校区）ごとに設置されていた老人（在宅）介護支援センターが地域包括支援センターとして再編されつつある（図4-5）。もっとも、その大半は社会福祉法人などへの委託型であり、小学校通学区域（小学校区）など小地域ごとにケアマネジャーや保健師、社会福祉士、主任介護支援専門員（主任ケアマネジャー）の3職種のほか、コミュニティソーシャルワーカー（CSW）なども配置し、かつ社協などと連携し、要介護・要支援高齢者はもとよ

図 4-5　地域包括支援体制の構築

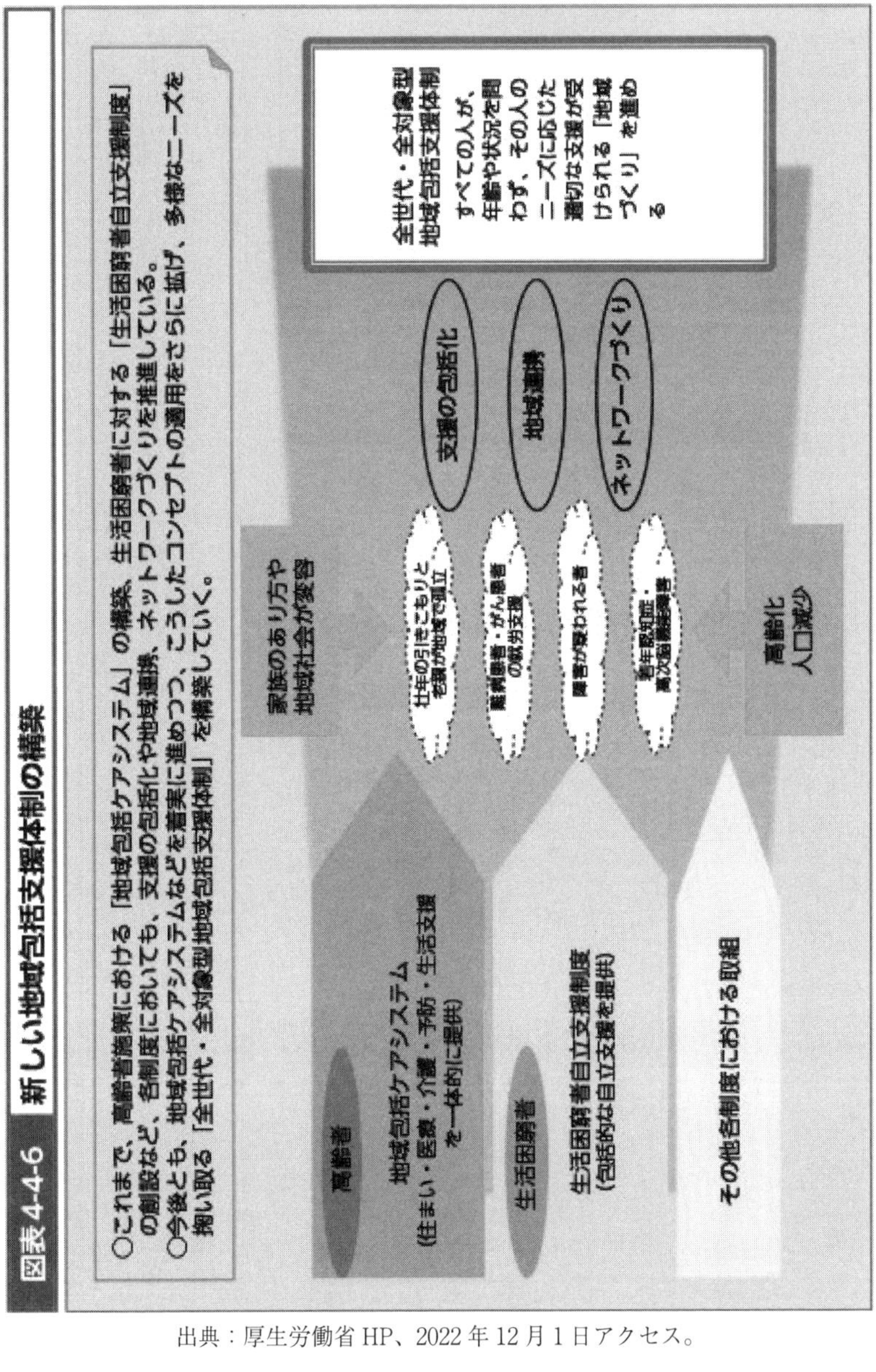

出典：厚生労働省 HP、2022 年 12 月 1 日アクセス。

り、障害者や児童、生活保護者など福祉ニーズを持った人たちだけでなく、健常者など地域のすべての住民を対象とした地域福祉の推進とは必ずしもなっておらず、「地域共生社会の実現」はきわめて不透明である。しかも、政府は２０２４年度から２０２６年度の第９期介護報酬の改定にあたり、１割から３割の利用料の対象者の拡大、65歳以上の高所得者の保険料引き上げ、介護老人保健施設などの多床室の全額自己負担などを検討しており、予断を許さない。

特養の待機者解消はじめ、だれでも住み慣れた地域で生命や財産、安全・安心な生活が確保され、かつ国民主権および基本的人権の尊重のため、住民・市民自治にもとづく公私協働により名実とも「地域共生社会の実現」、すなわち、地域福祉を推進し、持続的な福祉コミュニティの形成を果たすべく、公費を大幅に引き上げるとともに関係者の雇用環境を改善し、魅力のある地域とすべく社会福祉の普遍化を図りたいものである（表４‐４）。

表 4-4　社会福祉の普遍化

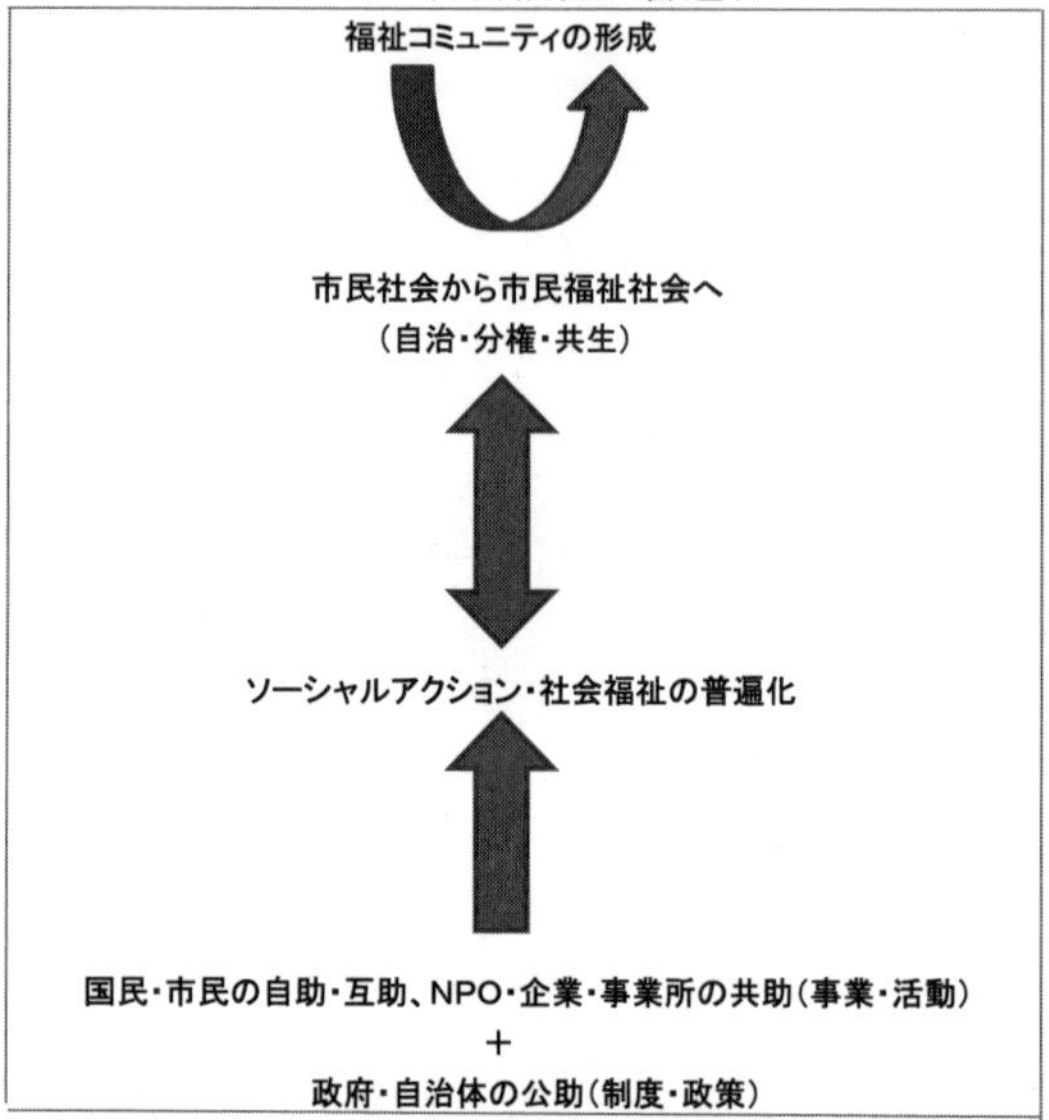

出典：前出『入門　社会福祉の原理と政策』185 頁

脚注

＊１　被保険者が少ない市町村は他の市町村と共同実施、または広域連合や一部事務組合として運営可能。

＊２　自分で作成する場合、市町村に同プランの素案を作成、提出して確認を得ることが必要。

＊３　在留期間は5年が上限で家族は帯同不可。

第5章　子育て崩壊

1　子育て制度の概要

子育て制度は社会福祉制度のなかの児童福祉として必要な制度・政策が講じられている。

戦後まもない1947年に生活保護法や障害者福祉法とともに福祉三法の一つとして0歳から18歳を対象とする児童福祉法を制定後、1961年に児童扶養手当法、1964年に母子・寡婦福祉法（現母子・父子・寡婦福祉法）などが追加された。その後、「1994年に「今後の子育て支援のための施策の基本的方向について（エンゼルプラン）」、1999年に「新エンゼルプラン」、2004年「子ども・子育て応援プラン」が追加され、2010年以降両親との離別や死別、自身の障害により家庭での生活の安定と自立が阻害されている児童に対し、保育所（園）への入園や保育、認定子ども園と幼稚園との幼保一元化や認可保育施設の新設などによる保育と幼児教育の連携、また、児童委員や児童厚生員、保護司、町内会・自治会、NPO、ボランティアによる無認可保育施設（託児所）や子ども食堂などを通じた保育・養育、保護・養護が行われている。

また、2021年に新たな整備プランが立てられ、2014年4月時点で2万4425か所、226万6813人にとどまっていた保育所を約324万7000人分が整備されたほか、家庭的保育や小規模保育、事業所内保育、居宅訪問型保育、一時預かり、延長保育、病児保育、産後ケア各事業が増設された。さらに、保護者のいない子どもや被虐待児など家庭環境上、社会的養護を必要とする子どもなどに対し、乳児院や児童養護施設、ファミリーホーム（里親）、自立援助ホーム、乳児家庭・養育支援訪問、利用者支援、地域子育て支援拠点、子育て短期支援、放課後児童クラブ、児童厚生施設（児童館、児童遊園）の整備、母子・父子自立支援、養育費相談支援がはかれている。

育児や介護を行う保護者は子どもの看護・介護休暇について時間単位で取得でき、その開始から6か月間に賃金の67％、7か月以降、50％の育児休業給付金を支給することになった。一方、2022年4月、「育児休業、介護休業等育児又は家族介護を行う労働者の福祉に関する法律（育児・介護休業法）」を改正、育児休業（育休）の対象となる従業員への周知とその意向の確認が事業主に義務づけるとともに、同10月に生後8週間以内に最長4週間の育休を2回まで分け、2022年度時点で17・13％にとどまっている男性の出産時育休（産後パパ育休）を2025年度に50％、2030年度に85％に引き上げ予定である。

さらに、児童手当は0歳から3歳未満の場合、一律月額1万5000円、3歳から小学校修了前の場合、同1万円（第3子以降、同1万5000円、中学生同1万円）の各種手当を2024年10月分から高校生まで拡充するとともに第3子以降、各3万円に増額、かつ年収1200万円以上の場合は不支給、960万円から1200万円未満の場合は同5000円など所得制限の撤廃や育児中の国民年金の保険料の免除、学生時代に利用した奨学金返還の改革も視野に年間約3兆5000億円の計上を予定している（図5－1）。

図 5-1　児童手当制度の概要

児童手当制度(昭和47年創設)

制度の目的	家庭等の生活の安定に寄与する　・　次代の社会を担う児童の健やかな成長に資する		
対象児童	国内に住所を有する中学校修了まで(15歳に到達後の最初の年度末まで)の児童（住基登録者：外国人含む） ※対象児童1620万人 （令和2年度年報（令和3年2月末））	受給資格者	・監護・生計同一（生計維持）要件を満たす父母等 ・児童が施設に入所している場合は施設の設置者等
手当月額（一人当たり）	0～3歳未満　一律15,000円 3歳～小学校修了まで　第1子・第2子：10,000円　第3子以降：15,000円 中学生　一律10,000円 所得制限限度額以上　一律5,000円（特例給付） ※所得制限限度額（年収ベース） 960万円（子供2人と年収103万円以下の配偶者の場合） （令和4年10月支給分から特例給付の所得上限額を創設（子供2人と年収103万円以下の配偶者の場合、年収1,200万円相当））		
支払月	毎年2月、6月、10月（前月までの4か月分を支払）		
実施主体	市区町村（法定受託事務）　※公務員は所属庁で実施		
費用負担	国、地方（都道府県・市区町村）、事業主拠出金で構成 ※事業主拠出金は、標準報酬月額及び標準賞与額を基準として、拠出金率（3.6/1000）を乗じて得た額を徴収し、児童手当等に充当		
給付総額	令和4年度予算：1兆9,988億円　（国負担分：1兆951億円、地方負担分：5,476億円　事業主負担分：1,637億円、公務員分：1,925億円）		

出典：内閣府 HP、2023 年 7 月 10 日アクセス。

2　子育て崩壊

⑴子どもの貧困

子育て崩壊は子どもの貧困の実態からまず見えてくる。なぜなら、多くの子どもが貧困にあるということは扶養する家族が貧困状態にあるため、子育てが十分にできない状況であるのは明らかだからである。

とくに一人親家庭は低収入世帯が多いうえ仕事で忙しいため、幼児期の子どもに十分な食事が与えられず、インスタント食やコンビニエンス・ストア（コンビニ）弁当が多いため、栄養のバランスがとれず、健全な成長が危ぶまれている。また、小・中学校に入学後、学習参考書の購入や学習塾への通学もままならないほか、高校や専修（専門）学校、短期大学、大学への進学をあきらめざるを得ないため、社会人になっても低賃金など格差による貧困が生涯つきまとう〝負の連鎖〟に陥っている。

現に、全世帯の子どもの大学進学率は73・3％であるのに対し、一人親家庭は58・5％、生活保護世帯は33・1％、児童養護施設では24・0％までそれぞれ減少している。しかも、このような子どもの貧困は当事者である子どもはもとより、親もその自覚がなかったり、自覚はしていても周囲の目を気にして助けを求めなかったり、地域によっては昔ながらの共同体意識が薄れているため、他人の子どもの成長にあまり関心を寄せない住民も少ないため、社会問題としてとらえにくい現状もある。ちなみに、厚労省によると、一人親家庭は2016年に141万9000世帯、うち母子世帯（シングル・マザー）は123万2000世帯、父子世帯は18万7000世帯と子どもの8・7人に1人が貧困な状態にある。

また、子どもの貧困は一人親家庭にとどまらず、両親家庭含めて広がっていることも見逃してはならない。ちなみに、経済開発協力機構（ＯＥＣＤ）が毎年公表している各国の子どもの貧困率は２０２２年現在、日本は11・５％とアメリカや韓国に抜かれて先進国のなかで最低で、ＧＤＰ世界第３位の経済大国とは思えない窮状なのである。そこで子どもの貧国対策のためにも、児童扶養手当の増額や義務教育での給食費など諸費用ならびに高等教育の無償化などが喫緊に求められている。

なお、日本は１９９４年４月に国連の「子どもの権利条約」を批准したが、２０２３年４月に設置した子ども家庭庁は当初、〝子ども庁〟を予定していたように、いまだに「子育ての基本はまずは家庭にあり」との認識にとどまっており、その支援にあたっては今後も基本的には家庭に依存する方針に変わりがなく、かつ世帯主とされる男性の安定雇用が崩れ、女性が共働きに出ることになった昨今、育児を児童福祉や後述する雇用保険制度と関係づけて支援するほか、有史以来の家父長制の名残やジェンダー（性差）による差別を一掃し、男女を問わず、子どもが授かっても安心して共働きが可能な社会にすることができるか、問われている。

(2) 〝隠れ待機児童〟や学童保育の待機者

「保育園落ちた　日本死ね！！！」――とは２０１６年６月、一女性保護者からの某ブログへの匿名の投稿で、これがネット上に広がり、待機児童問題がメディアでも注目された。

政府は次世代育成支援行動計画や子ども・子育て支援（応援）プラン、子育て安心プラン、待機児童ゼロ作戦などにより２０２１年度末までに「待機児童ゼロ」をめざしていた。しかし、利用したい認可保育所などに入所できていない状況にもかかわらず、国や自治体での待機児童数を数える際にカウントされていない〝隠れ待機児童〟は、首都圏や近畿圏など都市部を中心に同７万２５４７人に上っている。また、放課後を過ごす学童保育の待機者も２０２３年７月現在、１万６８２５人と前年よりも１６

45人増えている。これには保育士の低賃金による人手不足の慢性化や官民の連携の弱さ、一般世帯と貧困世帯との格差という背景がある。

政府は2019年度から2023年度までに〝隠れ待機児童〟も含め、計約30万人分の受け皿を増やす方針であるが、後述するように保育士不足の解消含めた対策がはかれるかどうか不明である。「保育園落ちた　日本死ね！！！」が話題になり、当事者の運動もSNSでも広がったことで政府を動かしたことも特記しておきたい。政府は5年後の2021年に新たな整備プランを作成、2021年4月当時、226万6813人にとどまっている保育所を約324万7000人分に整備した。このほか、家庭的保育や小規模保育、事業所内保育、居宅訪問型保育、一時預かり、延長保育、病児保育各事業も増設することになった。また、保護者のない子どもや被虐待児など家庭環境上養護を必要とする子どもなどに対し、乳児院や児童養護施設、養育家庭（里親）、ファミリーホーム（小規模住居型児童養育事業）、自立援助ホーム、安心して子どもを産み育てることができるよう乳児家庭全戸・養育支援訪問や利用者支援、地域子育て支援拠点、子育て短期支援各事業、放課後児童クラブ、児童厚生施設（児童館、児童遊園）、一人親が仕事と子育てを両立しながら経済的に自立し、子どもが心身ともに健やかに成長できるよう母子・父子自立支援員、高等職業訓練促進給付、養育費相談支援、幼稚園や認定子ども園、認可内外保育施設、居宅訪問型保育（ベビーシッター）、事業所内保育、院内保育所、一時預かり事業、病児保育事業、ファミリーサポートセンター事業、養育家庭、母子・父子・1人親家庭（シングルママ・パパ）支援などで3歳から5歳児の児童、0歳から2歳の住民税非課税世帯の児童を対象とした幼児教育と保育の無償化に努めている。

⑶低い賃金と評価ゆえに保育士・教員不足の慢性化

しかし、前述のとおり、待機児童の解消はもとより保育のニーズは多様に広がっているにもかかわらず、エッセンシャルワーカーとしての保育士の待遇と評価が低いため、慢性的な保育不足が深刻になっている。

厚労省によると、２０２０年度の民間企業の平均月額約33万円（常用労働者10人以上）に対し、保育士の賃金は同25万円と低いうえ、年収２００万円未満の〝ワーキング・プア〟も多いため、定年まで勤め上げられない。公立保育所で働く保育士の場合、正規職員は全体の47％にすぎず、残る53％は非正規の任期制で、かつ基準の１・５倍の保育士が人手不足を補っている状況である。

政府は２０２２年２月以降、指導員などの賃金を３％程度、月額にして９０００円引き上げたが、これも「暖簾に腕押し」のうえ、都市部への人口集中や全産業よりも月額約６万３０００円低い賃金、さらに労働時間の長期化も加わり、保育士資格を有していても就業しなかったり、就職しても中途退職が多い。

また、保育所での保育士の配置基準は０歳から１歳児は10人から８人、２歳から５歳児は32人、３歳児は20人あたり１人などこの半世紀以上ほぼ変わっておらず、先進国の平均の半分にとどまっている。

２０１２年に民主、自民、公明の３党が消費税率10％への引き上げを決めた「３党合意」では、こども・子育て支援新制度を導入するために必要な追加財源約１兆円のうち、保育所の増設など「量」の拡充に約７０００億円を消費税の増税分から確保すると決め、配置基準見直しなど「質」のための残り約３０００億円分は、他の財源から捻出するとした。しかし、同年に民主党政権から交代した自公政権下でこの合意の履行は放置されたままである。

乳幼児が卒園後、入学する小・中・高校の教員の過重労働と人員不足も深刻である。文科省によると、2021年度で特別支援学校も含め、同年5月時点、全体で1591校（4・8%）、2065人が不足することも明らかになっている。また、全日本教職員組合（全教）によると、2022年5月時点で19都道府県、4政令指定都市で1020人の欠員がある。人員不足の背景には教員の労働環境の悪化がある。さらに総務省によると、小・中学校の教員の月収は2021年度で27万円から36万円と民間企業の労働者とほぼ同額だが、残業時間が過労死ライン（月80時間）に達し、精神疾患を発症したりして離職するなど長時間労働のため、志願者が2020年度から2024年度は2万3517人と前年比15・5%減少しており、育児休暇取得増による代替講師の不足も深刻な事態となっている。

⑷児童虐待、いじめや不登校の急増

子どもが置かれた環境では、保育と教育の現場の疲弊とともに家庭内でも問題が生じている。厚労省によると、「児童虐待の防止等に関する法律（児童虐待防止法）」にもとづく児童虐待に関わる相談は2022年度、全国225か所ある児童相談所（児相）で計21万9170件（速報値）と32年連続で過去最多となった。しかも、このうち心理的虐待が全体の59・1%と最多で、以下、身体的虐待が23・6%、ネグレクト（育児放棄・怠慢・拒否）が16・2%、性的虐待が1・1%だった。このなかには保護者が〝しつけ〟と思って行った虐待も含まれるほか、認可外保育施設やベビーホテル、ベビーシッター、企業主導型保育所、児童相談所所管の児童虐待なども明らかになっている。

また警察庁によると、児相からの児童虐待疑義の相談は2022年、11万5730人（暫定値）と前年よりも7・1%増え、統計を取り始めた2004年以来、過去最多となった。このうち、心理的虐待は8万4951人（前年比5・8%増）と全体の約7割と最も多く、以下、身体的虐待が2万656人（同

７・７％増）、ネグレクト（遺棄・不適切な養育など）が９８０１人（同18・５％増）、性的虐待が３２２人（同８・８％増）の順である。ちなみに、これらの虐待に伴う死亡件数は「心中以外の虐待死」が47例・49人、「心中による虐待死（親が生存し、子どもが死亡、または未遂）」が19例・28人、このほか、重症事例も14例・14人と０歳を中心に４歳までの乳幼児の被害が目立っている。しかも、コロナ禍、感染拡大に伴う相談や通告など〝自粛〟による〝見えない虐待〟もありえるため、「氷山の一角」にすぎないといわれている。

政府は予期せぬ妊娠や貧困、ＤＶ、若年妊娠などの理由で出産や子育を断念することがないよう２００９年、児童福祉法に特定妊婦として自治体に登録すれば児相や保健医療機関、保健所などが連携、保健師や社会福祉士、保護司が家庭訪問したり、生活保護制度につなげたり、未受診の場合、出産できる保険医療機関を探したり、就労や生活支援につなげたりするサービスに努めている。しかし、果たしてどこまでこれらの対策が実を結ぶのか、定かではない。とくに保護司にあっては地域共同体の機能の脆弱や高齢化に伴い、担い手が都市部、地方を問わず減少、法務省によると、全国の保護司は２０２３年１月現在、４万６９５６人と定員の９割程度にとどまっており、しかもその全体の４割は70歳以上の高齢者である。報酬もなく、対象者１人あたり月額約４５００円から７６００円の交通費などの実費が支払われているだけである。

なお、小・中・高校での児童生徒による学校内外での仲間外れや無視などによる〝いじめ〟も急増している。文部科学省（文科省）によると、２０１３年度に18万５８３０件だったのが、２０２１年度には61万５３５１件と過去最多を記録、新たな社会問題となっている。２０１３年６月にいじめ防止対策推進法が制定されて以来、２０２３年９月で10年経つものの、人手不足の教員の補充やスクール・ソーシャルワーカー（ＳＳＷ）[*1]、スクール・ロイヤー（弁護士）が助言者として配置されていなかったり、各学校への指導不足や教員の教務の多忙、児童生徒同士による暴力や無視、仲間外れなど〝いじめ〟対策の認識不足、早期発見・対応の遅れ、怠慢などを解決する第三者委員会を自治体が設置するなども不十分であるとも背景にある。

不登校についても、文科省によると、2021年度は30日以上登校しない小学生は前年比1万8148人増の8万1498人。中学生は同3万6665人増の16万3442人といずれも1991年の調査開始以来、最多となっている。

さらに、前章で述べたように、ヤングケアラーやダブルケアラーの増大も深刻である。

(5)子どもを産み育てにくい環境

厚労省によると、2022年1月から6月の出生数はコロナ禍、未婚や晩婚、非婚化、さらに全国平均で約46万3450円という出産費用の高騰も加わって38万4942人と40万人を下回り、過去最少で政府の推計よりも6年早いペースで減少、15歳未満の子どもも約1465万人と前年比で同25万人減となった。この結果、合計特殊出生率は2021年現在で1・30と、1990年に1・57%に落ち込んだ「1・57ショック」を大幅に下回っている。ちなみに、フランスは2005年に子ども1人につき3年間の休業などを認める「3人っ子」政策に踏み切った結果、合計特殊出生率は2020年に1・82、また、スウェーデンは1974年に育児中の給与を80%補填《ほてん》、夫婦で合わせて育児休暇を最大390日間などとする「両親保険」を制度化した結果、1999年に1・50だったのが2020年に1・66まで改善している。

内閣府が2020年10月から2021年1月、日本を含む主要国の20歳から49歳の男女に行った調査によると、「母国を子どもを生み育てやすい国と思うか」との問いに対し、日本では「そうは思わない」

が全体の61・１％を占め、フランスの17・６％やドイツの22・８％、スウェーデンの21％のいずれも大きく上回っている。また、国立社会保障・人口問題研究所によると、未婚の男女に希望する子どもの人数は男性が１・91人、女性が２０２人、初婚同士の夫婦の56・３％が「子育てや教育にお金がかかりすぎる」と回答している。

政府は２０２３年４月から出産育児一時金や家族出産育児一時金、人工授精など一般の不妊治療や対外受精および顕微授精など生殖補助金医療を保険適用し、日本医学会も子宮移植を容認、「希望出生率１・８％の実現」をめざしてはいる。しかし、このような小手先の「少子化」対策では「子どもを生み育てやすい国」になりようはない。なぜなら、これまでみたような貧困と生活・雇用不安を抜本的に改善する総合的な社会政策がなければ、子どもを産み育てることを望む家庭を増やすことは無理だからである。また、「少子化対策」を名目に個人の尊厳や価値観を省みず戦前の「産めよ増やせ」のごとく結婚や出産を強いるアナクロな発想ではなく、子どもを求めている人たちを支援する社会的条件を充実させる子ども政策への転換が必要とされている。

とくに子育ては長年、児童福祉のなかで男女分業による保育を前提にしてきたが、世帯主の男性の安定雇用が崩れ、女性が共働きに出ることになったため、育児を児童福祉や雇用保険との連携で支援する必要がある。また、共働きする女性の賃金を大幅に引き上げたり、兼業主婦や離別したり、生涯独身のシングル・マザーの働き方の変化に対応した制度・政策に変えるとともに、離別した元父親の養育の責任を問う社会的な風土をつくりあげる必要もある。

何よりも、出産と子育てがしにくい労働環境が改善されていないことを端的に示しているのが、育児休暇取得率の低さである。とりわけ、男性の育児休暇の取得が少なく、厚労省によると、２０２０年10月から２０２１年９月までの１年間在職中に出産し、育児休業を所得した女性は80・２％に対し、男性

出典：厚生労働省 HP、2023 年 6 月 16 日アクセス。

は17・1％にとどまっており、女性は前年比４・９％、男性は同13・９％とともに減少した。また、同期間内に出産した有期契約の女性労働者の育児休業取得率は65・5％で同３・1％減に対し、配偶者が出産した男性のうち、翌２０２２年10月までに育児休業を開始、または申し出た男性はわずかに17・1％にとどまったものの、こちらは同３・１％上昇した。

従業員の育児のための所定労働時間の短縮措置などを講ずる制度のある事業所は全体の77・5％と同４・３％上昇した。業種別では金融・保険業は95・3％でトップ、以下、電気・ガス・熱供給・水道業が94・9％、複合サービス業が94・7％の順である。また、育児のための所定労働時間の短縮措置などの導入（複数回答）では「短期間勤務制度」が71・6％と同68・8％、「所定外労働の制限」が67・1％と多かった。にもかかわらず、男は仕事、女は家事・育児という性別役割分業意識が根強くあるため、男性の育休取得は依然として低水準なままである。

育休については政府はそれなりに改善を進めてはいる。具体的には、子どもの出産や養育のため、１９９１年に「育児休業、介護休業等育児又は家族介護を行う労働者の福祉に関する法（育児・介護休業法）」を制定、出産から1歳までの子どもを養育したり、老親を介護したりする場合、本人の申し出により健保に関わる被保険者負担分の免除、また、男性の育児休業の取得を推進すべく２０２２年10月、父親に限り勤続1年未満のパートや契約社員も通常の育休とは別に、生後8週間まで最大4週間取得できる「男性産休」の創設、さらに育児や介護を行う場合、子どもの看護休暇や介護休暇を時間単位で取得したり、育児休業の場合、その開始から6か月間、賃金の67％、7か月以降、50％の育児休業給付金を支給することにした。このほか、同年には育児休業を推奨すべく研修の実施や個別相談窓口の設置、継続雇用1年以上の育児取得要件の緩和、子どもの出生後、8週までの間に4週間まで男性の育児取得および2回の分割可能など要件を緩和、各家庭の事情に柔軟に対応することにした。また、翌２０２３

年度、後期高齢者医療制度の保険料の引き上げによって出産一時金を現行の42万円を47万円に引き上げる予定である。

しかし、子育てしながら働きやすい環境づくりのためには、従来の延長保育や休日保育、夜間保育、病児・病後児保育の充実などさらなる支援が必要である。

(6)保育・児童福祉の連携不足と児相の専門性の欠如

これまで子育てを支援するエッセンシャルワーカーの待遇と評価の改善を問うてきたが、専門職の自己改革の必要性とともに、行政職の課題も最後に指摘しておきたい。

周知のように、政府は人材の養成・確保のため、保育士の養成教育を保育系専門学校や短大、社会福祉士の養成教育を福祉系専門学校や短大、大学に求めているが、これらの保育士と幼稚園教諭、社会福祉士、わけてもSWW、さらには子育て支援センターや児童委員や保護司、社協、社会福祉事業団、NPO、住民のボランティアなどと連携し、子どもの保育や養育、教育に努めるべきである。ちなみに、スウェーデンなど北欧では保育園や幼稚園の職員は保育士や幼稚園・小学校教諭、ソーシャルワーカーを積極的に採用し、かつ定期異動をせず、定年まで専門職として切磋琢磨に努めさせるとともに賃金や労働環境などで問題があれば情報を共有して連携、ソーシャル・アクションによってさまざまな課題を当事者である乳幼児や児童生徒の保護者とともに広く社会に提起し、解決している。しかも、これらの職員のほとんどは女性の公務員で、定年退職後、NPOを立ち上げたりして生涯、保育や児童福祉を連携して関わっている。

また、これに関連し、児童相談所（児相）の専門性の欠如も指摘したい。前述したように、政府は1994年に国連の「児童の権利に関する条約」を批准したことをを受け、2000年に児童虐待防止法、２０１７年に次世代育成支援対策推進法を制定、２０１５年に各市町村で保育所や認定こども園などで子育てを支援する「子ども・子育て新制度」を開始、児相は都道府県と政令指定都市に設置、第三者評価の受診を義務づけた。このため、親からの子育て相談や児童虐待に関わる通報を受け、所内の一時保護所に保護したり、警察に通報したり、関係施設や里親に児童を委託したりすることになっている。しかし、肝心の児相は所長をはじめ、職員の多くは保育士はおろか、社会福祉士などの国家資格を有しないまま職務に当たっている程度ともあって懸案に迅速かつ的確な対応に期待が持てず、しばしば警察沙汰になっているのは周知のとおりである。

加えて、〝縦割り行政〟の弊害と官尊民卑による人事労務管理も是正を図るべきである。

保育と児童福祉は厚労省、子どもと家庭のあり方は子ども家庭庁、幼児や児童生徒を対象とした学校教育は文科省というように二重、三重の〝縦割り行政〟となっている。そのうえ、保育所（保育園）や認定こども園、幼稚園、子育て支援センター、さらにはこれらの経営母体である社会福祉法人や社会福祉事業団、NPOなど運営主体への厚生労働、文部科学両省、中央・地方官僚の天下りもあって現場のさまざまな課題を理解できないまま子育て支援などと称し、理事長や理事として陣頭指揮をとったり、現場を預かる保育士や社会福祉士、さらには保護者とのコミュニケーションが不十分であるにもかかわらず、安穏《あんのん》としているOBを見かけるなど一部に旧態依然とした官尊民卑がはびこっている。これでは乳幼児や児童生徒、保護者のニーズを十分把握したうえでの専門的な知識や経験などを踏まえた乳幼児や児童生徒、保護者の要望にかなう子育て支援など期待できるはずがない。

そこで、徹底した〝縦割り行政〟や官尊民卑による人事労務管理の是正が図られるべきである。また、乳幼児や児童生徒、保護者はもとより、児童委員や保護司、社協、社会福祉事業団、NPO、住民のボランティアなど国はもとより、地域をあげて「子どもは国の宝」との認識を今一度確認し、子育てが必要な乳幼児や児童生徒、さらにはその保護者に対し、年齢や家族形態、価値観、人生観の違いを超えて社会連帯し、次世代の育成に理解と協力に努めたいものである。

そして、児相による一時保護や保護者との面会における柔軟な対応をはじめ、子育て支援センターや児童委員、保護司、社協、社会福祉事業団、ＮＰＯ、住民のボランティアなどとの連携や児童福祉司の増印やＳＷＷの配置、医療的ケア児への支援、年間約２万人超もの自殺者なども対象とした名実とも地域包括ケアシステムの構築による「地域共生社会の実現」をめざしたい。

脚注

＊１　文科省によると、ＳＳＷは２０２１年度、全国で３８５２人にすぎず、ほとんどが非正規。

＊２　２０２１年、「医療的ケア児及びその家族に対する支援に関する法律（医療的ケア児支援法）」が制定されたものの、自治体主導。

第6章　生活・雇用などの崩壊

1　生活保護制度などの概要

(1)生活保護制度

生活保護制度は日本国憲法第25条第1条で定めた国民の生存権を保障すべく国家責任、無差別平等、最低生活保障、補足性の4つの原理および申請保護、基準・程度、必要即応、世帯単位の4つの原則を踏まえ、一般国民の消費水準との調整を図る水準均衡方式にもとづき最低生活費を支給する〝セーフティネット〟、すなわち、政府による公的責任としての公助として国庫（税金）で全額負担する公的扶助である。具体的には、生活扶助、教育扶助、住宅扶助、医療扶助、介護扶助、出産扶助、生業扶助、葬祭扶助の8つがあるが、いずれも〝適正化〟・水準均衡方式によって抑制されている（表6－1）。ちなみに、教育扶助は2023年度現在、小学生月2600円、中学生同5100円、高校生同5200円のほか、中学・高校生まで月1万円（3歳未満など同1万5000円）の児童養育加算、子ども1人同2万

1000円から1万7000円の母子加算、年8万3000円の高校等就学費、同8万6000円の入学準備金などがある。また、介助扶助は要介護（要支援）の場合、区分支給限度基準額の1割の自己負担分およびユニット型指定特養や認知症対応型共同生活介護、有料老人ホームの利用料は住宅扶助として支給される。

また、政府は生活保護のほか、状況によっては社会手当も支給することになっている。しかし、1960年代にはエネルギーが石炭から石油に変わったため、福岡県の筑豊炭田など各地の相次ぐ炭鉱の閉山に伴い、元炭鉱労働者の生活保護の申請に対し、〝適正化〟という名で規制、北海道夕張市の夕張炭鉱など全国に波及した。その後はオイル・ショック（石油危機）やバブル崩壊、リーマン・ショック、「失われた30年」で賃上げ横ばいなど生活苦や貧困が拡大している時期にあっても、社会手当の支給はきわめて不十分なままにある。政府は2015年に生活困窮者自立支援法を制定したが、後述する生活崩壊を防ぐ対策とまでは至っていない。

表6-1　生活保護の給付

種類	給付の内容
生活扶助	食費・被服費・光熱費など
住宅扶助	アパートなどの家賃
教育扶助	義務教育を受けるために必要な学用品代
医療扶助	医療費
介護扶助	介護保険給付費
出産扶助	出産費用
生業扶助	就労に必要な技能習得などの費用
葬祭扶助	葬祭に必要な費用

出典：筆者作成。

(2)雇用保険制度

雇用保険制度では、労働者の生活及び雇用の安定と就職の促進のために、失業者や教育訓練を受ける人に対して失業等給付が支給される。失業等給付として基本手当や技能習得手当、寄宿手当、傷病手当、高年齢求職者給付金、短期雇用特例被保険者特例給付金、日雇労働求職者給付金、就業促進手当、転費、求職活動支援費、教育訓練給付金、高年齢雇用継続給付、育児休業給付、介護休業給付がある。また、失業の予防、雇用状態の是正及び雇用機会の増大、労働者の能力の開発及び向上その他労働者の福祉の増進等を図るための事業が行れている。

保険料は一般の事業の場合、被保険者の賃金日額の1000分の15・5を労働者6、事業主9・5、農林水産・清酒酒造業の場合、同17・5を労働者7、事業主10・5、建設業の場合、同18・5を労働者7、事業主11・5の割合で負担する。

(3)労災保険制度

労災保険制度は労災保険法にもとづき全企業・事業所を強制加入とし、かつ使用者の無過失賠償責任を問うため、フリーランスや法人の代表取締役、家事使用人、同居の親族を除くパートやアルバイト、契約社員、派遣社員など非正規雇用者はもとより、試用期間中の者や国内の企業・事業所に使用される海外出張者、日雇労働者、外国人（不法就労も含む）にも適用される。しかも、保険料の納付の義務がなく、自営の農林水産業を除くすべての使用者は労働者を1人でも使用すれば10日以内に所管の労働基準監督署（労基署）へ届け出る義務がある。ちなみに、保険料は労働者の賃金総額に保険料率を乗じた額を納付し、療養補償給付（同療養給付）は業務災害、または通勤災害により診察や薬剤、治療材料の支給、処置、手術、その他の治療、死後の診断、もしくは医師の判断により死体に施した適宜の処置、居宅における療養上の管理や世話、看護、保険医療機関への入院・療養に伴う世話、監護（保護）、移送（原則片道2キロ以上）などで療養の給付が困難、あるいは受けないことにつき相当の理由がある場合、療養の給付に代えて支給される。業務災害の場合、自己負担なしで支給される。通勤災害の場合、200円（日雇特例被保険者は100円）の一部負担金などがある。

(4)社会保福祉制度

残る社会福祉制度は1963年に制定、施行された老人福祉法をはじめ、身体障害者福祉法、知的障害者福祉法、児童福祉法、母子及び寡婦福祉法（現母子及び父子並びに寡婦福祉法）、生活保護法など福祉六法を中心に高齢者や障害者、児童、母子・父子・寡婦世帯、貧困者などの支援に必要なサービスが提供されている。このうち、健常高齢者の支援は1993年、市町村が老人福祉法および老人保健法にもとづく老人保健福祉計画（現老人福祉計画など）により介護保険サービス以外の居宅（在宅）および施設サービスや健康増進、社会参加、特定健康診査などを行っている。

また、政府は認知症高齢者の支援のため2015年、「認知症施策推進5か年計画（オレンジプラン）」を「認知症施策推進総合戦略（新オレンジプラン）」に見直し、すべての団塊世代が75歳以上の後期高齢者となり、認知症有病者が高齢者の5分の1にあたる約700万人と推計される2025年にかけ、認知症への普及・啓発およびその容態に応じた医療・介護などの提供や若年性認知症施策の強化、認知症高齢者の介護者への支援、認知症の予防・診断・治療法、リハビリ・介護モデルなどの研究開発および高齢者にやさしい地域づくりなどに努めている。そして、中学校区に設置された地域包括支援センターを拠点とした地域包括ケアシステムの構築による「地域共生社会の実現」を提唱、各市町村は都道府県の指導のもと、市町村社協と連携して地域福祉の推進に努めている。

2　生活・雇用などの崩壊

(1)コロナ禍で拡大する貧困と〝貧困ビジネス〟

ホームレス自立支援法が２００２年、向こう10年間の議員立法として制定されたほか、２０１７年に低所得者や被災者、在日外国人などを対象とした「住宅確保要配慮者に対する賃貸住宅の供給の促進に関する法律（住宅セーフティネット法）も制定された。厚労省の調査によると、両法の該当者は２０１８年現在、４４５５人いるため、２０２７年まで施行・実施が延長され、１２０１７年１月現在、東京、大阪、神奈川を中心に５５３４人と前年よりも７０１人減り、２００３年に調査を始めて以来、初めて６０００人の大台を下回った。しかしながら、果たしてこの実数は正確か、該当者のスティグマ（恥じらい・恥辱）による無届けや世間体を気にしての拒否、制度・施行への無知による無届出、さらには統計の取り方などに疑念が残る。

そこへ今般のコロナショックが加わり、解雇や雇い止めなどにあった女性を中心に２０２０年２月から２０２１年３月で計約10万人超が失業、生活保護の申請者も２０２１年１月以降、毎月１万件と前年よりも６・22％から７・０％増えているほか、緊急小口資金や総合支援資金の特例貸付の不承認が続出、自殺者は同年、２万１０８１人とリーマン・ショック以来、11年ぶりに増加した。

政府は雇用保険のなかで休業から半年間は休業前の賃金の３分の２相当、それ以降は同２分の１を最長２年間支給、２０２０年度に計約42万人に総額６４００億円が支給された。また、同年５月には新型コロナ感染拡大への不安のため、一時休業を余儀なくされている共働きの妊婦を対象に、年次有給休暇（年休）とは別に賃金の６割以上の休業手当を支給、かつ計５日以上休業を認めた１企業・事業所あたり

20人を上限に1人あたり5日間から19日間の休業につき25万円助成、その後、20日ごとに15万円加算、最大約6か月、同最大100万円を補助すべく同年度第二次補正予算案に盛り込んだほか、企業・事業所が休業手当の一部を肩代わりする雇用調整助成金の支給など緊急措置を講じた。

このほか、コロナショックによる企業・事業所の倒産や経営の悪化にともない、2009年のリーマン・ショック以来の悪化、濃厚接触によって自宅待機を命じられながらも平均賃金の6割以上の休業手当は支給されない事態も散見されるため、2020年5月1日から2021年1月15日に限り、売り上げが前年同月比50％以上減の中小企業・小規模事業者は200万円、フリーランスなど個人事業主は100万円を上限に持続化給付金、および2020年4月以降、中小企業で最大100％、1日あたり1万5000円の休業手当の補填のための雇用調整助成金を2021年度、大企業にも対象を拡大して継続することになった。

政府は2013年に生活困窮者自立支援法を制定、自立相談や就労準備、就労訓練、子どもの学習支援などに取り組んでおり、働きたくても働けない、または住む場所がない貧困者や生活困窮者を対象にNPOなどが第二種社会福祉事業として支援プランを作成、就労準備や一時生活、家計相談、子どもの学習支援などに努めている。（図6-1）

しかし、1990年代以降、アパート生活を余儀なくされている貧困者に対し、不動産ブローカーが市場よりも割安な家賃のほか、敷金や礼金なしなどと偽り、入所契約後、経済事情が変化したなどといって不当に吊り上げたりする〝貧困ビジネス〟がコロナ禍でも暗躍しているのである。劣悪なアパートや就労先を紹介、家賃や給与の一部をピンハネする〝貧困ビジネス〟も横行している。

具体的には、住み込み作業員・請負派遣社員など貧困者や生活困窮者を対象にその弱みに付け込み、ただ同然の老朽化したアパートや空き家の〝囲い部屋〟や〝隠れ部屋〟、〝隠れスペース〟、〝タコ部屋〟、

図 6-1　生活困窮者自立支援制度の概要

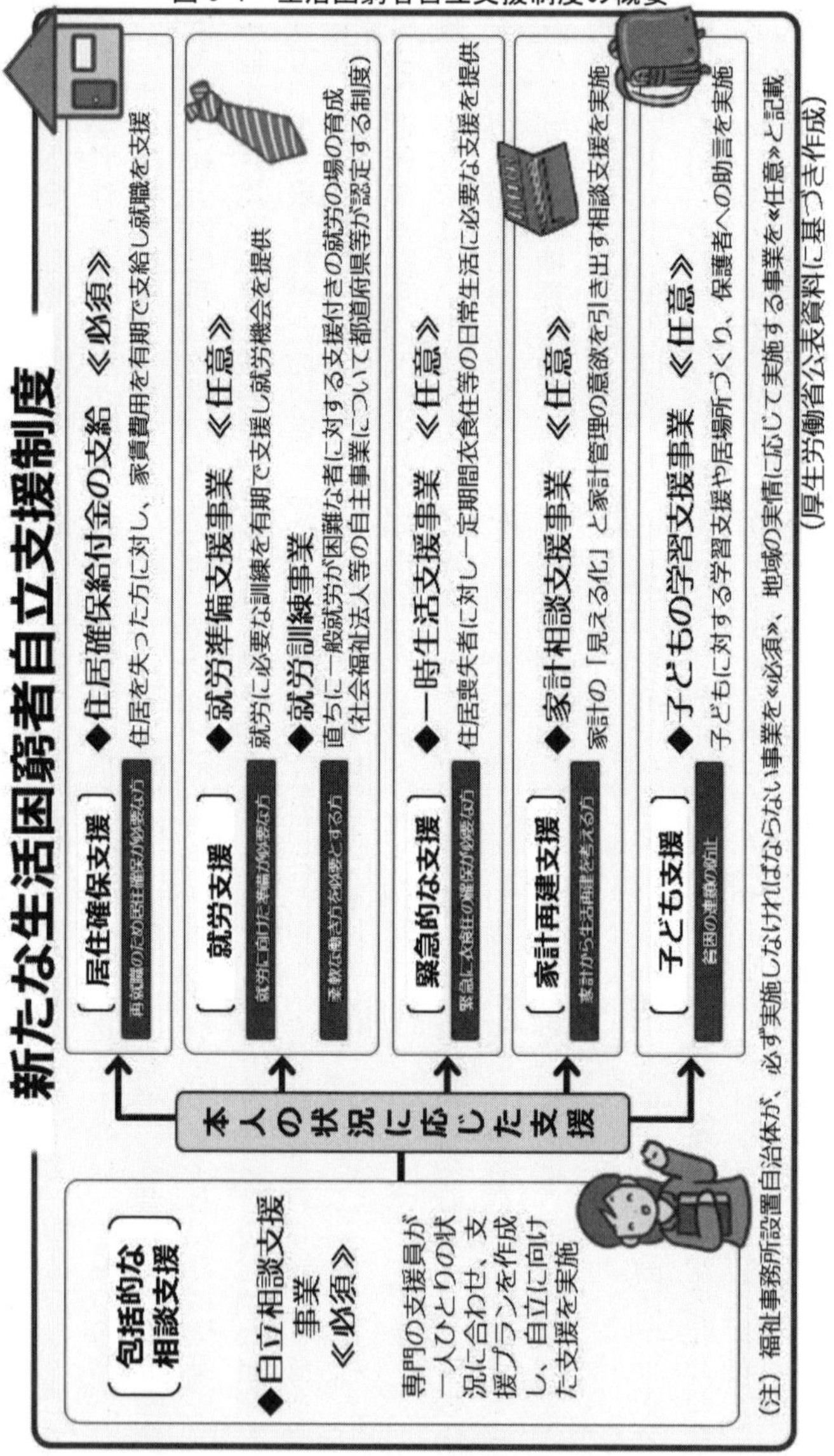

出典：独立行政法人福祉医療機構「WAMNET」HP、
2022 年 10 月 20 日アクセス。

無料宿泊所への押し込みによる生活保護費の搾取やインターネット・カフェ（ネット・カフェ）、ヤミ金融・アルバイト（バイト）の勧誘で、暴利をむさぼる刑事事件もある。その背景には日本は〝持ち家制度〟の名のもと、「生活の本拠」である自宅は原則として自助での住宅対策のため、ヨーロッパと比べて低家賃の公営住宅が少ないこともある。

さらに、路上死やホームレス（路上生活者）、「ネットカフェ難民」などへの政府の対応が不十分なため、NPOや労働組合（労組）、地域の住民有志が毎年末、〝年越し派遣村〟を出したり、廃棄される企業や個人の食品を公募し貧困者や生活困窮者に無償で配布するフードバンクや子ども食堂などのボランティア活動が取り組まれている。

⑵生活保護の捕捉率の低さと基準引き下げ

コロナ禍での貧困の拡大があるにもかかわらず、生活保護受給には厳しい制約がある。生活保護は本来、サーカスの演技者が演技中、万一、失敗してもステージに転落して死傷しないよう設ける〝安全網〟のようなものであるはずだが、政府は２０１１年、生活保護の財源の削減のため、唐突に〝第１のセーフティーネット〟は雇用対策、〝第２のセーフティーネット〟は雇用保険、そして、〝第３のセーフティーネット〟こそ生活保護とし、事業主の雇用対策が大前提であり、「当初から生活保護をアテにした生活はもってのほか」といわんばかりに申請を規制している。このため、所得が生活保護の基準を下回る世帯のうち、保護を利用している世帯が占める割合を示す捕捉率は2割程度にすぎず、イギリスやフランスでは9割程度であるのと比べてはるかに少ない。

また、捕捉率が低いにもかかわらず、生活困窮者が福祉事務所に生活保護受給の申請を求めても申請をさせない「水際作戦」といわれる行政の対応もある。そもそも生活保護を受給するのは憲法第25条に定める生存権にもとづく国民の権利であるにもかかわらず、申請がなければ給付は開始されないという「申請主義」によるハードルもある。自治体の窓口で職員が困窮者の申請を受け付けないのは生存権を脅かすものであり、実際、申請が拒否されて餓死に至るケースも起きている。

また、生活扶助の基準方式を改定することで支給額を引き下げてきていることで、「健康で文化的な最低限の生活」が困難になっている。政府は生活保護法を制定した1950年、スーパー・マーケット（スーパー）などの食品の中に含まれている食品添加物量を分析した結果に平均的な1日当たりの食品の喫食量を乗じ、摂取量を求める「マーケット・バスケット方式」を採用し、その後、標準的な世帯が一定の生活水準を維持していくうえで必要な飲食費や衣料費、住居費など生活に必要な費用を算出、生計費を算定するエンゲル方式に見直したのち、一般国民の消費水準の伸び率以上に生活扶助基準を引き上げ、一般国民と被保護世帯との消費水準の格差を縮小させる「格差縮小方式」に変更したものの、その後、一般国民の消費水準との調整を図る「水準均衡方式」により最低生活費を支給すべく改定している。

水準均衡方式とは、第1・十分位（所得階層を10に分けた下位10％の階層）という所得階層の消費水準に合わて生活扶助基準を決めるものである。ところが、前述のように、生活保護の捕捉率は2割程度のため、この第1・十分位層の中には生活扶助基準を下回る生活を余儀なくされている人が多く存在するため、その消費水準と生活扶助基準を比較すれば生活扶助基準の方が高くなる。このため、扶助基準の引き下げのスパイラルが生じている。

さらに、貧困者を生活保護の申請、受理、さらにはその後の受給者の生活および就業への支援を担う生活保護ケースワーカーや社会福祉士など国家資格を有する専門職も不足している。しかも現状では大学などで社会保障論など福祉系の科目を3科目履修すれば配置が可能な社会福祉主事任用資格、いわゆる〝3科目主事〟で事を済ませており、専門性にも疑問がある。

⑶全雇用者の4割が非正規雇用者

少子高齢化の進展や人口減少に伴い、労働力人口は2020年、1043万人から1073万人、2030年には947万人から1027万人に減少すると予想されているなか、厚労省によると、2021年現在、1日8時間、週40時間働いても年収200万円以下の〝ワーキング・プア〟が急増、全雇用者の約4割は中小・零細企業で働くパートやアルバイト、派遣社員、契約社員などの非正規雇用であり、その割は女性が高く、退職後も就労しなければ老後の生活が不安な高齢者も増えている。

しかも、2023年の有効求人倍率（季節調整値）は1・16倍と前月よりも0・01%上昇したものの、完全失業者は2021年に約178万人、うち長期失業者は同64万人と2四半期連続で増加している。また、2023年7月分の1人あたりの実質賃金は前年同月よりも25%減少したのに対し、名目賃金に当たる現金給与総額は38万656円と同1・3%増え、うちフルタイマーは50万8288円で同1・7%増に対し、パートは10万7704円とともに同1・7%増だったものの、ロシアのウクライナ侵略に伴うエネルギー価格の急騰や円安・ドル高の影響で消費者物価指数は同3・9%増の大幅な伸びとなり、生活苦は依然続いている。

非正規雇用者は自治体や大学などでも年々増えている。指定管理者制度により公の施設の管理・運営を社会福祉法人やNPO、企業・事業所に委託、民間のノウハウを活用して利用者アップに努めている半面、人件費などのコストを削減している。

加えて、障害者雇用も不十分である。同省によると、2017年6月の時点で身体、知的、精神各障害者は全国で約930万人いるものの、雇用されているのは2019年現在、約57万人にすぎない。ちなみに、中央省庁の33機関のうち、全体の約8割にあたる27機関をはじめ、司法・立法機関や自治体、独立行政法人で計7744人も水増しし、当時、23％の法定雇用率のところ1・19％だったことが明らかになった。このほか、未達成企業の金銭負担の代用も問題である。

繰り返し述べているように、社会保障はその財源を国民の血税や社会保険料に求め、具体的な制度・政策を開発する政府こそ日本国憲法第25条で定める生存権の保障および国の社会保障的義務に努める、その範を行政機関こそ示すべきだが、このような体たらくでは国民の政府不信は募るばかりである。

⑷労災による死傷者の増加と〝労災隠し〟

厚労省によると、近年、産業全体では労災は減りつつあるものの、建設、製造、陸上貨物運送、小売り、社会福祉施設、飲食業は急増している。

具体的には、労災による死者は２０２２年までの過去5年間、全産業では９７８件から７７４件と15％減少しているものの、建設業は２０２０年の２５６件から２０２２年の２７４件、製造業も同１３１件から１３６件、また、休業4日以上の死傷者は全産業で同12万４６０件から13万２３５５件増えている。なかでも陸上貨物運送、小売り、社会福祉施設、飲食業で急増しているが、これには人手不足による生活苦の未熟な雇用者の従事や高齢化による業務中の転倒や、操作の誤りなどが原因とみられるが、仕事が原因でうつ病など精神障害を発症する場合もある。政府は２０２３年9月に、このような精神障害に対しても労災の認定基準に加える方針とした。

このほか、事業主による〝労災隠し〟もある。なぜなら、雇用者は業務上、または通勤途上でも労災となるが、事業主は労基署に届けると事業者としてのイメージを落として信頼性が揺らぎ、取引業者との疎遠によって経営に影響が出るほか、現行の雇用者の離職や優秀な人材の確保が困難になるため、その死傷への保障を健康保険に代える傾向にあるからである。

これに関連し、同省によると、健康保険の申請は毎年約60万件に上っているのに対し、休業が4日以上続く労災による死傷者は1974年、34万7407万件だったが、その後、年々減少、2016年には11万6311件にとどまっているものの、第三次産業を中心に転落や墜落、機械・器具のはさまれ、巻き込まれ、動作の反動、無理な動作、過労、サービス残業、精神障害の発症、ストレスによる自殺や過労死、通勤による交通事故、うつ病など〝心の病〟が労災として認定されるケースが目立っている。

現に、2019年までの調査によると、通勤災害などを除く労災での死傷者は年間約12万5000人、また、農林業を除く全体の約7％にあたる同400万人が「過労死ライン」、すなわち、発症前2か月間から6か月間、1か月あたりおおむね80時間を超える時間外労働（残業）を強いられているが、労災扱いの件数はここ十数年間、同数十件にすぎない。このため、過去、国会でその真実を究明する質疑が時折みられるが、同省の答弁は決まって「事業主による意図的など〝労災隠し〟は確認されていなかった」などとしている。

しかし、一部の医師会などの聴き取り調査によると、全体の約3割の保険医療機関はこのようなトラブルに巻き込まれても〝自費診療扱い〟とし、患者や事業主に医療費を請求するなどしてそのむねを労基署に届けるケースはほとんど見当たらないという。このため、これら関係の医師会は当該のすべての会員に対し、業務上、または通勤途上の病気やけがをした場合、労災保険で受診をするよう指導しているが、事業主の〝労災隠し〟は相変わらず減っていないため、根気よく対策を講じていきたいとしており、労災による送検事例は「氷山の一角」といわざるを得ない。

なお、近年増えつつあるパワーハラスメント（パワハラ）やセクシュアルハラスメント（セクハラ）、マタニティハラスメント（マタハラ）、アカデミックハラスメント（アカハラ）などもその原因によっては労災と認定される可能性がなくはない。なかでもパワハラは長年続く男性社会における職場の上司の部下に対する古くて新しい問題で、人事にからむ左遷や残業時間の強制など過重労働、危険な労働への指示など枚挙にいとわない。また、近年は女性の社会進出に伴い、飲み会や慰安旅行、さらに日常的なセクハラや妊産婦の女性従業員に対するマタハラも問題である。

それだけではない。家庭内から職場、友人・知人関係の間で男性による女性へのＤＶや売買春に及ぶこともある。政府は１９５６年に売春防止法を制定、売春を禁止するとともに婦人相談所や婦人相談員、婦人保護施設など婦人保護事業を制度化、女性一般の保護事業に努めている。また、１９８５年に女性差別撤廃条約を批准するにあたり男女雇用機会均等法を制定、１９９９年に同法を改正し事業主に職場における性的な言動に起因するセクハラについて雇用管理上の配慮を義務づけ、同年、男女共同参画社会基本法を制定、２００１年に「配偶者からの暴力の防止及び被害者の保護に関する法律（ＤＶ法）」、さらに２０２０年に労働施策総合推進法（パワハラ防止法）を制定した。これからも、家父長制や男性優位社会の名残をなくす対策が必要である。

⑸制度・政策の脆弱と民営化による高負担化

一方、社会福祉サービスを受ける要件を満たしているかを判断し、そのサービスの開始・廃止を法令に基づいた行政権限としての措置により提供する措置制度から契約制度に伴う民営化に伴い、施設整備の抑制と利用料の負担が高額化している。

前述したように、高齢者福祉では介護保険施設の整備の抑制により有料老人ホームやサ高住などが急増している半面、障害者福祉施設や児童福祉施設は旧態依然として増設されておらず、ＮＰＯや地域の住民によるボランティア活動に依存している。

このようななか、政府は市町村に対し、自立支援協議会を設置し、すべての障害者やその家族の相談から福祉および一般就労など地域移行生活、権利擁護、公共施設やデパート、スーパー、商店街、企業・事業所のバリアフリー（障壁除去）、車いす用トイレの整備など雇用・労働環境の改善に努めるよう指導している。しかし、原則として65歳以上の身体・知的・精神障害者は要介護認定を申請、要介護者として認定されれば介護保険サービスが優先され、自立支援給付は停止されるほか、身体障害者療護施設の入所者は介護保険の被保険者とされないため、介護保険サービスは受けられない。また、特別支援学校では少子化を受け、学校が統廃合されているのに対し、通学する障害児は２０２１年度、知的障害を中心に約14万６０００人とこの10年で倍増しているほか、学校および教室も３７４０か所不足している。

(6)住宅政策の貧困

住宅は生活の本拠であるとともに人権（居住権）であるが、政府は戦後、低所得者向けに公営住宅を整備したものの、基本的には〝マイホーム〟という名の持ち家制度を基本とした国民の自助に委ね、その姿勢は今も変わりがなく、国土交通省によると、戸建て住宅は毎年約５０００万戸、分譲マンションは同１万戸超のペースで建てられている。このうち、前者は約１０００万戸が空き家、築40年超のマンションは同１１６万戸あり、20年後には３・７倍の４２５万戸に増えると見込まれている。もっとも、入居者の高齢化によって老朽化しているものの、改修や修繕費の積み立てや経費の負担に反発しており、災害に対して脆弱になっている。

そこで、政府は分譲マンションの建て替えは入居者の５分の４から４分の３へと区分所有法などを改正するとともに取り壊し、または一括売却は全員同意という要件の緩和や空き家に固定資産税を課税、居住や売却を促す条例を新設した京都市にならい、課税を検討している。しかし、それ以前にヨーロッパのように都心部の宅地は旧市街を除く公有地として政府や自治体が確保し、公営住宅を整備すべきで、民間ディベロッパー（不動産・建設業界）への利益誘導は改めるべきである。

また、都市部は高層のオフィスビルやタワーマンション（タワマン）、分譲住宅の建設ラッシュだが、いずれも高額とあって一部で富裕層や中国ビジネス資本の投資目的となっている一方で、住宅ローンの返済に追われたり、退職金を全額つぎ込んで〝老後破産〟を憂いているケースもある。地方では空き家が増え過疎化も進んで限界集落が増えており、住宅対策の不全を物語っている。

加えて、住環境対策の不十分さとして気候変動対策の遅れもある。

(7)災害対策の不全と要援護者への支援不足

災害対策について、政府は２０２３年度現在、全壊（損害50％以上）、大規模半壊（同40％～50％未満）に最大３００万円の支援金、中規模半壊（同30％）の新築は１００万円、補修は50万円、借家は25万円、家族が病死、独孤死などで災害関連死した遺族に最大５００万円支給など被災者の生活再建に努めているが、これらの災害救助法による応急修理や被災者生活再建支援法による支援金とも損害の割合が10％未満の場合、支給されない。このため、一部の都道府県などは補助金を支給している。

しかも、向こう30年以内にマグニチュード（M）７クラスの首都直下（型）地震や南海トラフ巨大地震、さらには富士山噴火などが発生するおそれがあるが、このような巨大災害への対応もおぼつかない。たとえば、政府は東日本大震災を教訓に駅舎やその周辺に災害時の帰宅困難者の安全確保のため、全国52か所の主要駅に一時滞在する施設の整備や備蓄品の確保など安全確保計画の策定を促しているが、２０２２年１月現在、同21か所にすぎない。

ちなみに、損害保険各社は同年10月、住宅向けの火災保険の保険料を全国平均で11％から13％引き下げたり、スマートフォン（スマホ）による保険金の請求の多様化の方針の半面、地震や台風、豪雨などの水害の場合、その危険度別に地域によって損害保険料に差を設けたりしている。政府も災害時、各自治体同士が被災した自治体に職員を派遣、被害を最小限度にすべく災害時応援協定や受援協定の締結また被災時、自治体の防災アプリケーション（アプリ）の活用など防災情報の発信および共有による減災に努めるほか、安否不明者を原則公表とする応急対策の推進を指導している。

他方、市町村合併や人件費の抑制、職員の2年から3年ごとの人事異動により防災士などの専門職は皆無である。このほか、緊急車両が走行できない老朽化した木造住宅の密集地（木密）の不燃化や低地、急傾斜地、アンダーパス（地下道）、内水氾濫防止のためのインフラ整備、築40年以上の老朽マンションの管理や再生は十全ではない。また、火山学者は40人足らずと少なく、本腰を入れての災害対策もみられない。その一方で、新潟県と静岡県にまたがる糸魚川《いといがわ》―静岡構造線断層地震や急崖斜面での岩板崩落のおそれがある東京・品川―新大阪間のリニア中央新幹線の建設を支援する始末である。気候温暖化に伴う夏場の熱波による熱中症も新たな懸念材料である。

戦争犠牲者や被爆者、原発被災者などの要援護者への補償も社会保障の課題である。

第二次世界大戦の犠牲者やヒロシマ、ナガサキの被爆者などへの補償は戦後78年経った今なお不十分なうえ、軍人恩給や年金、慰労金、療養の給付、遺骨収集なども十分に行われておらず、一部で国家賠償訴訟にまで発展している。また、中国・旧満州（東北部）やソ連（現ロシア）・シベリアなどからの開拓団の家族や引揚者、東京や大阪、名古屋、仙台など各地の空襲被害者や沖縄戦の犠牲者などへの救済や補償、遺骨収集も十分ではない。北朝鮮拉《ら》致《ち》家族の帰国もいまだに全員とはなっていない。

東日本大震災で東京電力福島第一原発の事故から12年を経た今もなお、２０２３年5月現在、いまだに3万４４２人が各地に避難、帰還できていない。

さらに、戦時中、新日本住金（現日本製鉄）や三菱重工業などによる韓国人徴用工、従軍慰安婦への賠償、関東大震災（大正関東地震）の在日朝鮮人・中国人被災者や遺族への補償、旧優生保護法下の不妊手術の強制への謝罪や賠償も不十分、もしくは未解決のままである。また、メチル水銀を垂れ流し、汚染された魚介類を食べた住民に水俣病を患わせたチッソが１９７３年、熊本地裁での第一次訴訟で敗訴から半世紀以上経過しているが、いまだに全面的な解決に至っていない。大阪地裁は２０２３年9月、水俣病と認定されず救済策の対象にならなかった１２８人の原告全員を水俣病と認定し国などに賠償を命じたが、国と熊本県はこれを不服として控訴している。２０２０年現在、全国に約１４６万人いるとみられる引きこもり状態への人や難病患者の支援も不十分なままである。

動物福祉についてもふれておきたい。これについては、ペットショップの経営者や従事者、取引業者、さらには消費者自身も扱うペットの保護を最優先し、看取りまで責任を持って共生することが必要である。また、近年、北海道や東北地方などでクマが出没、人的被害に及んでおり、出没件数は２０２3年7月末現在で計７９６７件と、年2万件を超えた２０２０年度に近いペースで各地で駆除されているが、元はといえば気候温暖化に加え、彼らの先住地である里山まで宅地化し、田畑で果実や野菜を栽培して放棄した生ごみや柿、栗などを放置して、野生動物を人里に引き寄せてしまうライフ・スタイルの多様化も一因である。人間の都合だけを優先した宅地の乱開発を改めるとともに奥山に餌を撒《ま》くなど人間と動物の共生を考える必要もある。

最後に、「地域共生社会の実現」については、地域包括ケアシステムの構築による「地域共生社会の実現」にあっては、だれでも住み慣れた地域で生命や財産、安全・安心な生活の確保のため、国民もボランティア活動など地域福祉に取り組み、かつ多様性（年齢や人種、民族、宗教、学歴、性）を尊重し、ジェンダー、障害の有無などの差別・偏見の克服を推進したい。保護者の児童虐待や配偶者などパートナーへのDVやストーカー被害、元交際相手や知人のプライバシーに関わる画像・動画を無断でインターネット上に流すリベンジポルノ、人種や出身国・地、民族、宗教、性別、容姿、健康・障害等に対するヘイトスピーチ（憎悪表現）、全国に約2万人といわれる医療的ケア児への支援なども社会問題となっている。「地域共生社会の実現」をかけ声だけで終わらせないよう、国民の生存権の保障および国の社会保障的義務にもとづき公的責任としての公助をベースに「ヒト・モノ・カネ」が第一義的であることを政府は肝に銘ずるべきである。

他方、国民も社会保障はもとより、社会福祉にも関心を持ち、自助はもとより、互助、さらには共助にも務めたい。自治型地域福祉もそこにある。

脚注

＊1　国家・地方公務員や警察・消防・海上保安庁・刑務所職員・自営隊員は団体行動（争議権）は対象外。この点、ちなみに、ドイツやフランス、イギリス、カナダなどは認められている。ちなみに、ILOは2002年11月、日本政府に対し、これら公務員の団体行動（争議権）も認めるよう勧告しているが、今なお〝だんまり〟を決めつけたままである。

＊2　65歳以上の場合、高年齢被保険者として雇用保険に加入。フリーランスは社会保険加入の対象外。

第7章　社会保障再構築への提言

これまで「第1章　社会保障の概念・機能・変遷・行財政および実態」を受け、「第2章　年金崩壊」から「第3章　医療崩壊」、「第4章　介護崩壊」、「第5章　子育て崩壊」、そして、「第6章　生活・雇用など崩壊」と題し社会保障の実態を順に述べてきたので、最後に「第7章　社会保障再構築への提言」と題し、すべての団塊世代が75歳以上の後期高齢者となる2025年、さらに本格的な少子高齢社会および人口減少が見込まれる2065年に向け、年金や医療、介護、子育て、生活保護など崩壊状態の社会保障をどのように再構築すべきか、提言して結びとする。

なお、各制度の改善については、すでに崩壊を説明する各章でその都度述べているため、本章では各制度を横断する概括的な提言としたい。

1　日本国憲法三大原則と「世界人権宣言」の再確認

まずは、権利としての社会保障を国民全体が理解し、推進していていくため、日本国憲法の三大原則と「世界人権宣言」を再確認していく教育の改革である。

⑴主権者および人権教育の徹底

日本国憲法は広く国民一人ひとりが国民主権、基本的人権の尊重、平和主義の三大原則からなる日本国憲法を最高法規とし、義務教育の段階からの主権者および人権教育の徹底を行うことが必要である。なかでも国民一人ひとりがいつまでも生命や財産、安全・安心な生活の確保のため、社会保障の重要性について学び、その充実が重要であることを自覚したい。

しかし、現状の教育は小・中学校や高校の授業、さらには学習塾や受験予備校の補習も含めて進学受験のための教育に偏重し、試験問題に出ない社会保障の重要性をほとんど学べていない。理解力よりも記憶力が優先される偏差値教育の弊害もある。そのため、社会人になっても社会保障への関心はわかず、自己の生活力や趣味、特技、スポーツ、娯楽番組のみに関心がいく傾向にあるため、政治参加への意識が希薄である。

現に、衆・参議院選挙の投票率をみても相変わらず低率なままで、直近の2021年10月の第49回衆議院総選挙は55・93%、2022年7月の第26回参議院選挙も52・05%といずれも若年世代を中心に有権者の2人に1人しか投票していない（図7 - 1）。まして同年12月以降、人口比で国会議員の定数を換算するアダムズ方式[*1]が導入されるため、過疎化し、限界集落や限界自治体が増えている地方の有権者にとってますます選挙離れや政治不信がつのるばかりである。ちなみに、「明るい選挙推進協議会」の2021年までの調査によると、投票を棄権した18歳から29歳は「仕事があったから」、「選挙にあまり関心がなかったから」がいずれも全体の約3割などに上っている。この結果、当選した議員のほとんどは男性で、かつ世襲議員や「三バン」議員、元官僚、関係業界の幹部、アスリートなど有名人ばかりが当選したり、立候補者が少なくて定数を満たなかったりする選挙もある。

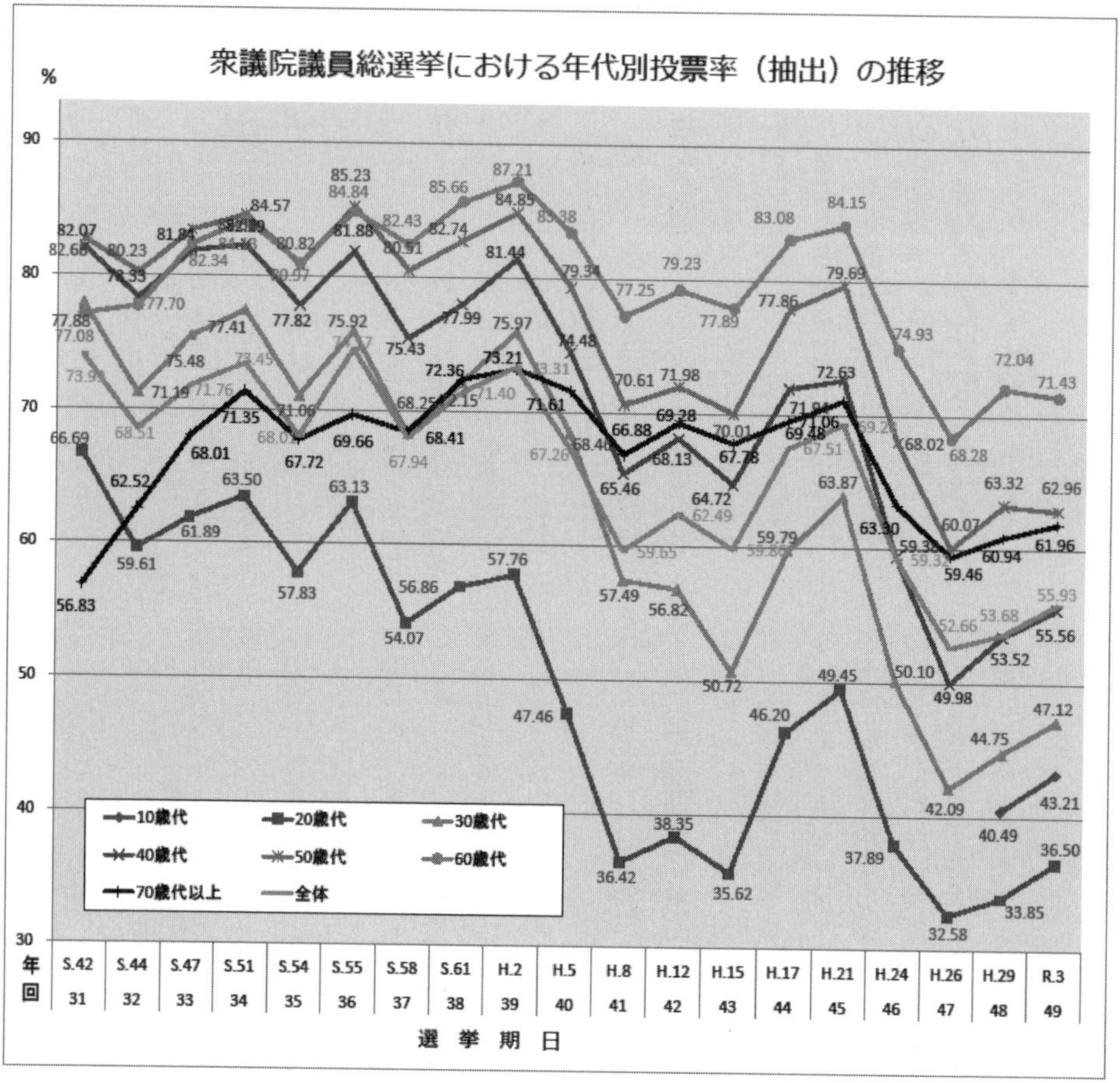

（%）

年	S.42	S.44	S.47	S.51	S.54	S.55	S.58	S.61	H.2	H.5	H.8	H.12	H.15	H.17	H.21	H.24	H.26	H.29	R.3
回	31	32	33	34	35	36	37	38	39	40	41	42	43	44	45	46	47	48	49
10歳代																		40.49	43.21
20歳代	66.69	59.61	61.89	63.50	57.83	63.13	54.07	56.86	57.76	47.46	36.42	38.35	35.62	46.20	49.45	37.89	32.58	33.85	36.50
30歳代	77.88	71.19	75.48	77.41	71.06	75.92	68.25	72.15	75.97	68.46	57.49	56.82	50.72	59.79	63.87	50.10	42.09	44.75	47.12
40歳代	82.07	78.33	81.84	82.29	77.82	81.88	75.43	77.99	81.44	74.48	65.46	68.13	64.72	71.94	72.63	59.38	49.98	53.52	55.56
50歳代	82.68	80.23	83.38	84.57	80.82	85.23	80.51	82.74	84.85	79.34	70.61	71.98	70.01	77.86	79.69	68.02	60.07	63.32	62.96
60歳代	77.08	77.70	82.34	84.13	80.97	84.84	82.43	85.66	87.21	83.38	77.25	79.23	77.89	83.08	84.15	74.93	68.28	72.04	71.43
70歳代以上	56.83	62.52	68.01	71.35	67.72	69.66	68.41	72.36	73.21	71.61	66.88	69.28	67.78	69.48	71.06	63.30	59.46	60.94	61.96
全体	73.99	68.51	71.76	73.45	68.01	74.57	67.94	71.40	73.31	67.26	59.65	62.49	59.86	67.51	69.28	59.32	52.66	53.68	55.93

※① この表のうち、年代別の投票率は、全国の投票区から、回ごとに144～188投票区を抽出し調査したものです。

※② 第31回の60歳代の投票率は60歳～70歳の値に、70歳代以上の投票率は71歳以上の値となっています。

※③ 第48回の第10歳代の投票率は、全数調査による数値です。

出典：総務省HP、2023年6月20日アクセス

図 7-1　衆・参議院議員選挙の年代別投票率（抽出）の推移

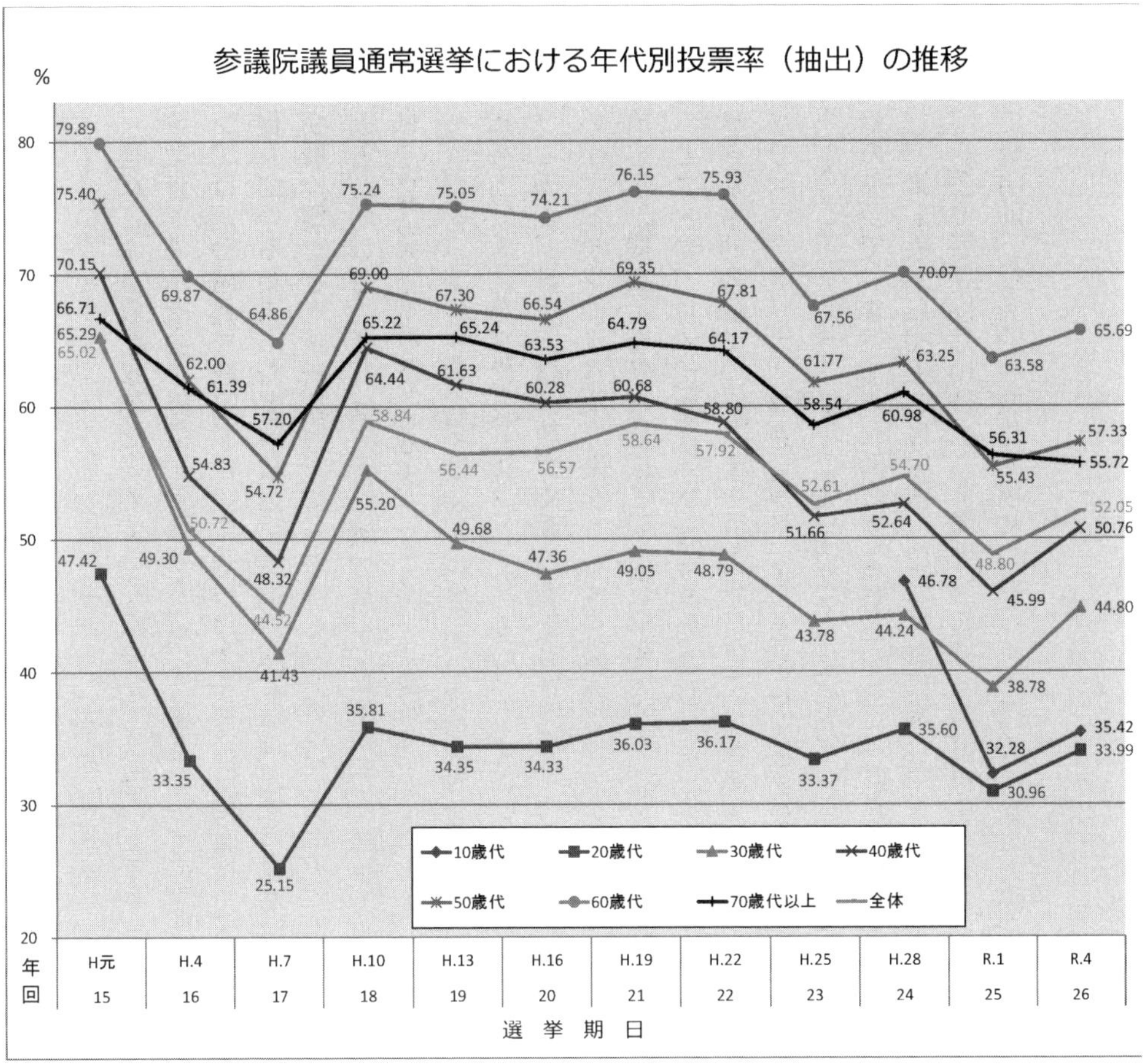

(%)

年	H元	H.4	H.7	H.10	H.13	H.16	H.19	H.22	H.25	H.28	R.1	R.4
回	15	16	17	18	19	20	21	22	23	24	25	26
10歳代										46.78	32.28	35.42
20歳代	47.42	33.35	25.15	35.81	34.35	34.33	36.03	36.17	33.37	35.60	30.96	33.99
30歳代	65.29	49.30	41.43	55.20	49.68	47.36	49.05	48.79	43.78	44.24	38.78	44.80
40歳代	70.15	54.83	48.32	64.44	61.63	60.28	60.68	58.80	51.66	52.64	45.99	50.76
50歳代	75.40	62.00	54.72	69.00	67.30	66.54	69.35	67.81	61.77	63.25	55.43	57.33
60歳代	79.89	69.87	64.86	75.24	75.05	74.21	76.15	75.93	67.56	70.07	63.58	65.69
70歳代以上	66.71	61.39	57.20	65.22	65.24	63.53	64.79	64.17	58.54	60.98	56.31	55.72
全体	65.02	50.72	44.52	58.84	56.44	56.57	58.64	57.92	52.61	54.70	48.80	52.05

※①　この表のうち、年代別の投票率は、全国の投票区から、回ごとに142～188投票区を抽出し調査したものです。

※②　第24回の10歳代の投票率は、全数調査による数値です。

選挙による政治参加を高めていくために、人権の尊重や税金の使い道、社会保障制度の理解などを義務教育で学ぶ機会を提供するとともに、主権者としての政治教育も必要である。ちなみに、スウェーデンでは国会議員を教室に招いて政治をテーマに意見交換したり、模擬選挙を実施したりして政治参加を促している結果、若者の投票率は他世代とほぼ同様、80％超に達している。また、ドイツでも学校での模擬投票などで政治教育を培っているとともに、「ボイテルスバッハ・コンセンサス」を政治教育の原則としている。これは、①圧倒の禁止（教員が生徒に特定の見解を押しつけるのではなく、生徒が授業を通じて自分自身の意見を形成できるようにする）、②論争性（学問や政治の世界で議論が分かれている問題は、授業においてもそのようなものとして扱う）、③生徒志向（生徒が自らの利害関心にもとづいて政治状況を分析し、それに影響を与える手段と方法を追求できるようにする）を柱としている。

この点、日本では「教育の政治的中立性」を理由に政治教育がまったくといっていいほどできていないが、ドイツのような原則をもとに現実政治をテーマに議論する授業などを行えば、主権者としての政治を学ぶ機会となり、結果として投票率を底上げしていくことになるのではないか。

ところで、日本国憲法が公布された2年後の１９４８年12月に、国連はすべての人民と国が達成すべき基本的人権についてオーストラリアやベルギー、チリ、中華民国（現中国）、フランス、インド、イギリス、アメリカ、ソ連（同ロシア）など17か国の代表が参加、結成した起草委員会（委員長・ルーズベルト・アメリカ大統領）は「人権に関する世界宣言（ＵＤＨＲ：世界人権宣言）」を賛成多数で採択、決議した。そのなかで「すべての人間は生まれながらにして自由であり、かつ尊厳と権利について平等である」とし、第1条から20条で自由権、12条で参政権、同22条から27条で社会権などを規定、１９５０年の第5回総会で毎年12月10日を「世界人権の日」と定めた。また、これに関連し、１９６６年12月の国連総会で経済的、社会的、文化的権利、さらに市民的、政治的権利に関する国際規約および同選択議定書が採択され、国際人権規約として人権に関する多国間条約も成立した。これを受け、日本では1949年から毎年12月4日から10日を「人権週間」とし、法務省を中心とした関係機関や団体が協力して各地で人権尊重の思想の普及や高揚、また、小・中学校でいじめなどの問題に解決に取り組まれている。このような年中行事の開催による普及と併せ、ややもすると選挙で投票権を行使しない〝お任せ民主主義〟から、国民一人ひとりにとって必要な生命や財産、安全・安心な生活の確保のため社会保障などの制度・政策を充実させるよう投票を通じた〝参加型民主主義〟へと転換したい。

⑵消費者教育の推進

また、貧困ビジネスなどに利用されないことはもとより、社会保障を推進するうえで消費者としての権利を学ぶことも教育の課題にすえるべきである。

１９４８年、不良マッチ追放を機に全国主婦連合会（主婦連）が各種商品の安全性や品質、公・薬害追放へと立ち上がったことに始まる消費者運動の展開を受け、政府は１９６８年、消費者保護基本法を制定した後、２０００年に消費者契約法、２００４年に消費者基本法にそれぞれ改称・改正し、訪問販売や振り込め詐欺、住宅改修、原野商法などに注意喚起している。しかしながら、学校や職場、地域などでの消費者教育が不十分なため、抜本的な対応とはなっていない。とくに前述したように、政府は明治、昭和、平成と三度にわたる市町村合併を強行したため、消費者安全法にもとづき都道府県や市に設置されていた消費生活センターは相次いで統廃合され、２０２１年４月現在、１７１８市町村のうち、８０４（46・８％）にとどまっており、残りの市町村は市を中心に相談室を設け、悪質商法などの相談に応じている程度である。

そこで、消費者保護のためにも消費者教育も義務教育の段階から学校はもとより、職場や地域でも推進し、税金と社会保険料を財源とする崩壊状態の社会保障を再構築し、国民の生命や財産、安全・安心な生活が確保されることを教えることが必要である。その意味で、自治体の消費生活センターを増設するとともに町内会・自治会、民生委員・児童委員、保護司、団地自治会、管理組合、生活協同組合（生協）、漁業協同組合（漁協）、森林組合、警察署などと意見交換し、訪問販売や振り込め詐欺、原野・点検商法、霊感商法、高額献金、迷惑メールなど悪質商法にひっかかないよう消費者主権を確立したい。

(3)平和教育の普及

社会保障が安定的に機能するためには戦争のない平和な状態が不可欠であるとともに、歴史的にも軍事費の拡大すれば社会保障費など民生部門の削減を伴う「大砲かバターか」という問題がある。国際社会保障会議が1953年、「平和こそは真の社会保障の最善の保障であり、戦争はその最大の脅威である」とアピールしたとおりである

周知のように、日本は戦前、国際連盟の常任理事国だったが、国際連盟が1933年2月、日本の傀儡国家の満州国を不承認したことを不服としてこれを脱退、国際的に孤立したあげく東南アジア各国の石油や天然ガスなどの資源を獲得すべく第二次世界大戦大戦に突入、アメリカ軍との沖縄戦や東京大空襲、ヒロシマ、ナガサキの原爆投下などの反撃を受けて敗戦。GHQの占領下で制定された日本国憲法の第9条で戦争放棄や戦力不保持、交戦権否認を定めた。にもかかわらず、毎年8月15日を〝終戦記念日〟とし、極東国際軍事裁判（東京裁判）で絞首刑となった東条英樹元首相後継の吉田茂首相のもと、アメリカと「平和愛好諸国民の利益並びに日本国民を受けたのち日本国とアメリカ合衆国との間の安全保障条約（日米安保条約）[*2]」及び「日本国とアメリカ合衆国との間の相互協力及び安全保障条約第6条に基づく施設及び区域並びに日本国における合衆国軍隊の地位に関する協定（日米地位協定）」を締結、沖

縄県など各地に米軍基地を受け入れている。

こうした現実を学校教育で学ばれるべきだが、、小・中学校や高校などの歴史教育は古代、中世、近代が中心で近現代の学びが手薄である。また、修学旅行先も京都や奈良、日光、浅草、東京ディズニーランドなどに引率する傾向があり、沖縄戦の激戦地や広島、長崎両市の原爆資料館などを見学する機会が減ってきている。

この点、ドイツは1956年に連邦補償法を制定し、ユダヤ人をホロコースト（大量虐殺）したナチスの戦犯の責任追及や民間人も含めた戦死・被災者の国家賠償を今なお継続するとともに、東西を統一し、かつ核兵器を持たず、加害の歴史を学校や地域で教え、反戦平和の国としてヨーロッパの盟主となっている。

ドイツのように過去の侵略戦争の歴史を風化させずに学ぶ平和教育をしっかりと位置付けていくことが求められている。

2　真の行財政改革

社会保障を安定させ、充実させるためには新自由主義的な「小さな政府」にも、軍事大国化にも進まない財政と財源のあり方へと転換させることが不可欠である。

(1)財政民主主義の徹底と法人税の引き上げ

政府は国の借金が2022年12月末現在、総額約1257兆円に上っているにもかかわらず、〝一強多弱〟をいいことに毎年度、約120兆円前後の消費税や所得税、法人税収入があるせいか、防衛（軍事）費の浪費や政官財（業）の癒着による官製談合を繰り返し、赤字国債を投入しての新幹線や高速道路、地方空港の整備・拡充、2021年の東京オリンピック・パラリンピック（オリ・パラ）の開催など旧態依然とした土建型公共事業を強行している。

2022年7月、故安倍元首相の国葬ではその是非を国会で審議せず、閣議決定だけで総額約16億9900万円を投入したほか、2023年9月現在、強行中の沖縄県名護市辺野古沖の軟弱地盤での米軍新基地建設や同県与那国町の与那国島での陸上自衛隊駐屯地小型機用飛行場の建設工事、大阪市此花区の人工島・夢洲《ゆめしま》でカジノを含む統合型リゾート（IR）開発をねらった2025年4月から10月開催予定の大阪・関西万国博覧会への整備費の補助、2028年全線開通の新名神高速道路、2037年開業目標の四国新幹線、2045年全線開通予定のリニア中央新幹線など、土建型公共事業を強行してゼネコン（総合建設業）や自動車業界などの利権を誘導するばかりである（前出・図1-3、5）。

また、社会保障費の自然増を抑制する一方で、防衛（軍事）費は2023年度から2027年度で、対GDP比1%から2%に引き上げるべく画策している。それればかりか、予算を計上しながら使わなかった不用額は2020年度決算で約11兆3084億円を超え、過去最高となったほか、再三にわたる市町村合併の強制に伴い財政的に疲弊している自治体への交付金を削減し、返礼品つき寄附金に誘導する「ふるさと納税」を制度化し、本末転倒の挙に出ている。

この結果、国民負担率および潜在的国民負担率は2022年度現在、47・5%から61・1%と「高福祉・高負担」のスウェーデンなど北欧諸国に準ずるのに対し、2023年度当初予算の社会保障給付費は約134兆3000億円と対GDP比23・5%止まりと米英並みの「低福祉・高負担」で、かつ幸福度は同47位と途上国並みである。にもかかわらず、政府は日本経済団体連合会（経団連）の意向を受け、消費税を10%から19%へ引き上げや退職金課税優遇の見直しを検討している有様である。

他方、経団連に加入する大企業の法人実効税率は１９８４年度当時の43・３％から23・２％に引き下げたままの半面、内部留保は２０２１年度現在、総額約５１６兆４７５０億円と前年度よりも６・６％増である。

少子高齢化に伴う自然増の社会保障給付費はスウェーデンなど北欧の福祉国家に比べればまだ約10％も低いため、抑制などあり得ず、今後、行財政改革を断行して財政民主主義の徹底と法人税の引き上げで財源を確保すべきである。

⑵累進課税の徹底と土地など資産の再分配

前述したように、社会保障は税金や社会保険料を財源とし、所得の再分配によって機能することになっているが、年収４５００万円超の場合、所得税率は１９８０年代には課税所得８０００万円超の場合70％だったが、２０１５年分以降、４０００万円超の場合45％に引き下げられたままなのに、消費税は富裕層も貧困者も一律に10％徴収するなど重税を課している。また、資本家や過分図、資産家、富裕層への優遇として、株式や金融商品の売却益および配当や利子、不動産売却益の一部の税率も20％止まりとしているなど真の累進課税とはなっていない。

また、土地など不動産については１９９２年、生産緑地法を改正、市街化区域の総面積３００平方メートル以上の農地を〝住環境の保全〟に充てるという名のもと、固定資産税の課税を軽減し、自民党への政治献金および支持に暗躍している都市部や近郊の大地主の利権を誘導している。大地主は農業協同組合（農協）の会員となって政権政党の国会議員や地方議会議員、首長選挙の立候補者や現職の議員や首長の後援会の会員となり、地主仲間を集めて選挙資金集めや選挙ポスターの掲示などを通じて利権を誘導、「土地神話」の誕生・持続化に努めている。都市部近郊の所有する農地を生産緑地の指定を受け、さも住環境の保全に協力するかのような姿勢はその代表的な策略である。

そこで、資本家や株主、資産家、富裕層への累進課税の徹底と自民党への政治献金および支持に暗躍している大地主の土地など資産にも課税し、現行の所得に加えて資産の再分配もすべきである。もとより、このような土地は政府や自治体が公共用地として買い上げ、ヨーロッパ並みの落ち着いた家並みとし、車社会から交通事故の心配もない〝人間社会〟に転換すべきでもある。

(3)補助金行政の改善と政府保有資産の活用

周知のように、政府は地方交付税交付金や補助金名目で自治体を従属させるべく〝3割自治〟として泣かせて保守化を加速、歴代自民党および自公政権によるこのような集権国家では同法第92条で定める地方自治の本旨に照らし、違憲、または違憲状態といわざるを得ない。また、所管する官僚も2年から3年ごとの定期的な人事異動とあって前例踏襲主義のもと改革に消極的で、閣僚ともども国有地や公務員宿舎、株式など2022年度末現在、総額約126兆5000億円と世界第2位を誇る政府保有資産、いわゆる〝埋蔵金〟の活用に消極的なばかりか、外郭団体や関連企業、特殊法人、大学教授などへ天下りしている。

ただし、〝埋蔵金〟だけでは売却してもわずか国家予算1年分にすぎず、恒久的な財源にならない。雇用保険や外国為替資金特別会計（外為特会）などを切り崩したり、年金基金のため込みを減らして給付に回したりすべきであるが、やはり世界的にみてあまりにも多額な国会議員の歳費の削減や大企業の内部留保、富裕層の累進課税の引き上げ、大地主の資産への課税、さらには高度経済成長期そのままの土建型公共事業への赤字国債の投入、豪華な政府や自治体庁舎への改築などの自粛によって財政民主主義に徹すべきである。

歴代政権が謳う「地方分権化」や「地方創生」、「新しい資本主義」、「成長と分配の好循環」なども看板倒れで、市町村合併の強行やコンパクトシティ化を進めるなど、新自由主義の言葉を言い換えただけである。また、大企業の収益は増えているものの、その下請けの中小・零細企業の雇用者の賃金はこの30年間横ばいのままで空念仏以外の何物でもない。スウェーデンなど北欧諸国のように、保健・医療は都道府県、福祉は自治体に移譲という国と地方の役割分担がされている分権国家と正反対の集権国家のため、地方自治が軽視されたままである。

3　政治改革の断行

これまでみてきた教育と行財政を改革するためにも、社会保障を再構築する政治に転換する政権交代を図ることはもとより、政治の仕組みを改革することも必要となる。

ここでは、筆者が考えるいつかの試論として述べておきたい。

(1)選挙制度の改革

政治改革の第1は選挙制度の改革である。2022年4月に民法改正によって成年年齢、すなわち、選挙権が20歳から18歳に引き下げられたものの、先述したように、国会議員、地方議会議員、自治体首長など各選挙とも投票率が低迷したままで世襲議員や族議員、それも男性議員が多数を占め、有権者の政治参加、すなわち、投票や出馬への意思を削いでいる。

国会議員の場合、現状の選挙制度は1つの選挙区では各政党から1人しか立候補できないため、有権者は政党を選べても個人を選べない。また、小選挙区制比例代表制のため、重複して出馬した候補者は小選挙区で落選しても党利党略によって上位とされているため、比例区で復活当選できる。加えて、衆議院選挙は「首相の専権事項」と勝手に解釈、一首相の都合のよい時期に解散を命じることができるとあって政権内の力関係が優先されており、かつ「政治とカネ」をめぐる事件も絶えない。

また、出馬の際、供託金が300万円から600万円必要とあって世襲議員や「三バン」議員、元官僚、財界人、タレント、アスリートなど著名人しか出馬できず、関係業界や医師会、商工会、農業協同組合（農協）、郵便局、大地主などの利権誘導と化すおそれもある。

これに対して、野党は50年から100年先の国家ビジョンおよび自党の政策を示して論議を重ねて協定するとともに〝お山の大将〟意識を捨てて大同団結し、かつ候補者を一本化して選挙に臨み、政権奪還後、閣僚や各委員会委員などに割り当て政権交代を願う有権者の期待に応えるべきである。同時に、スイスのように国会・地方議会両議員、自治体首長を問わず、本業との兼職を認めたり、議会や委員会は平日の夜間や祝祭日に開会したりしてだれでも立候補したり傍聴を可能としたりするとともに、歳費は歩合制とすべきである。

また、明治、昭和、平成と三度にわたる市町村合併の強行と東京一極集中による地方の過疎化や少子高齢化、農林水産業の疲弊が進むなか、人口比で国会議員の選挙区の定数の増減を決めるアダムズ方式による選挙制度のあり方も検証すべきである。同時に、有史以来、家父長制度や男尊女卑、〝タテ型社会〟が根強いため、クオーター制（人数割当制）を導入、女性議員の多数の確保をめざすなど選挙制度を抜本的に改革すべきである。

⑵対米従属の解消と国際貢献の推進

先述したように、第二次世界大戦の敗戦処理の際、昭和天皇の戦争責任の有無を不問とし、代わりに日本をアメリカの極東戦略基地として沖縄県などの民有地を接収、基地化された日米安保条約および日米地位協定が結ばれた後、1972年5月に〝核抜き本土並み〟と称しつつ実際は核密約が結ばれて沖縄の〝本土復帰〟がなされたが、在日米軍駐留経費負担（「思いやり予算」）に、米軍機の墜落や不時着、部品の落下、米兵の犯罪、汚染物資の垂れ流し、アメリカ製戦闘機の爆買いなどが対米従属が加速化しており、沖縄では本土からの独立論が再燃するほどである。また、近年、中国が巨大経済圏構想「一帯一路」を提唱、アジア、アフリカ、ヨーロッパへの進出を企てているなか、台湾などの有事によっては南西諸島など沖縄が再び〝本土防衛の最前線〟に置かれる懸念もあるにもかかわらず、改憲や再軍備を要望している経団連の意向を受け、宇宙開発や宇宙軍創設の経費まで拡大しているほか、大規模災害時を口実に緊急事態条項を憲法に盛り込む改憲も検討されている有様である。

このような対米従属を解消するとともに、第27回締結国会議（ＣＯＰ27）における温室効果ガスの削減、気象災害被災国・地域への支援の強化などを通じ、平和的な国際貢献を推進すべきである。

(3)一院制や国民投票、大統領制導入の検討

衆参の二院制の現状では衆議院の優越性に対し、〝良識の府〟としての参議院の存在があまりにも希薄である。各国会議員の公約も仮に当選し、首相や官房長官、大臣、政務官などの役職に就任しなければ実践できず、口約束に終わるだけである。このため、スイスのように政府の制度・政策の一つひとつについて国民にその是非を問う国民審査を実施すれば浮動票などの問題はかなり解決されるであろう。

加えて、究極的にはアメリカのように一国の指揮官を国民総意で選ぶ大統領制に改めれば国民の直接選挙によって納得のいく政治が期待される。多数決の原理で選べる戦後一貫した議院内閣制では多数政党の総裁が党内の世襲議員や「三バン」議員、対米従属および政官財（業）の癒着による土建型公共

事業優先の政治のため、国民の意思とは関係なく選出される。大統領制を導入すれば、「大砲よりもバター」、すなわち、軍事よりも国民の生活、言い換えれば、社会保障の充実を望む国民の意思が十分反映される可能性がある。

ただし、そのためには日本国憲法をそのむね改正しなければならない。むしろ、二大政党制を願って導入したものの〝死に票〟が多い小選挙区制を再検証し、衆院選における完全比例代表制に改善したりすれば現状でも政権交代は可能と思われる。

4　社会民主主義体制への転換

社会保障を再構築するために政治変革や運動を展開するにあたって、北欧などの社会民主主義をめざすべきであると筆者は考えるが、そのうえで重視すべき点を述べておきたい。

(1)社会保障の概念の見直し

前述したように、社会保障の概念は年金や医療、雇用、労災、介護各保険、社会福祉、公衆衛生・医療、後期高齢者医療制度、恩給、戦争犠牲者援護、雇用・住宅対策からなるが（前出・表1－1）、すべての団塊世代が75歳以上の後期高齢者となる2025年はもとより、本格的な少子高齢社会および人口減少となる模様の2065年においてもその持続可能性を追求するとともに産業、住宅、環境、情報、教育、防災各福祉、さらには国際社会福祉を包含し、社会福祉の普遍化、すなわち、政府の公的責任としての公助による社会保障を第一義的とするものの、国民主権および地方自治、わけても住民による自助、互助、共助による地域福祉も加えた社会福祉こそ上位概念のむね見直すべきである（表7－1）。

表 7-1 新たな社会保障の概念

戦後78年　現行の社会保障

社会保障＜社会福祉
社会保険 （年金、医療、雇用、労災、介護） 生活保護（公的扶助） 社会福祉 （高齢者、障害者、児童等） 公衆衛生・医療 老人保健 （後期高齢者医療制度） 恩給 戦争犠牲者援護 雇用・住宅対策

➡

2065年　新たな社会保障

社会保障＜社会福祉
社会保険 （年金、医療、雇用、労災、介護） 生活保護（公的扶助） 公衆衛生・医療 後期高齢者医療制度 恩給 戦争犠牲者援護 雇用・住宅対策 地域福祉 （高齢者、障害者、児童等） その他福祉 （福祉・産業・環境・情報 ・教育・観光・住宅・防災） 国際社会福祉 （国際活動・比較福祉）

出典：拙編著『社会保障論（第５版）―シリーズ・21 世紀の社会福祉①―』ミネルヴァ書房、2009 年、５頁を一部改変。

具体的には、社会保障の概念にあっては人種や民族、言語、文化、国籍、ジェンダーなどで差別されない〝個人化〟を図るとともにその実践にあたっては国全体のソーシャルワークだけでなく、住み慣れた地域でのコミュニティワーク、さらにはコミュニティ・ソーシャルワークの重要性も再確認し、住民自治および団体自治による地方自治、また、市民活動の〝ネットワーク化〟を図りたい。その意味で、新聞やテレビ、ラジオなどのメディアが果たす役割が大きいが、さらに消費者運動や市民活動の有志、弁護士、学識経験者、医師会、歯科医師会、薬剤師会、看護協会、患者など関係団体などによる学習会や討論会、調査研究およびソーシャルネットワーク・サービス（ＳＮＳ）を通じた現場からの意見表明も欠かせない。もっとも、それも最低保障年金や医療費の無料化、介護の現物給付および現金給付、さらには年金や医療、介護、子育て、雇用・賃金も含めた生活保障を基本とした社会保障の充実があってのことである。

さらに、住宅は国民にとって〝生活の本拠〟である。住宅福祉では自動車の普及に伴う排気ガスや騒音、振動、交通事故の多発、人口の大都市への集中に伴う地方の電車やバスの廃止の一方、都市部は踏切や信号機、ホームドア、歩車分離のなさ、地下鉄や地下街、アンダーパスが目白押しなため、ヨーロッパのように市街地から自動車を排除し、トラム（路面電車）など公共交通機関を整備・拡充するとともに官公庁舎や公園、広場にマルシェ（市場）やカフェテラスを設置するなど車社会から〝人間社会〟へと転換したい。

(2)集権国家から分権国家へ

集権国家では政治の権限や財源が政府に集中し、その組織や人事、情報がトップダウンによって行われるため、政府や自治体の制度・政策は一元化され、命令や指示の確実性が高く、ガバナンス（国家統治）にすぐれるものの、ややもすれば上位下達となるため、情報を吸い上げる能力が低下したり、上層の判断能力が低下したりした場合には機能不全に陥る。下部組織（支社、営業所など）は決定権を持たないため、自治体や企業・事業所や社会福祉施設、保健医療機関はもとより、その財源として税金や社会保険料を負担する国民の政治への意思が報われず、ボトムアップに欠けるため、政官業（財）の癒着による利権政治が横行する。

世界的にみると近代以前の政治体制は洋の東西を問わず、多くの国は国王などが君臨する君主国家という名の集権国家であった。日本も天皇や貴族、武家による集権国家であった。もっとも、現代では資本主義体制のフランスや日本、社会主義体制の中国や、ロシアなども実態としては集権国家であるのに対し、多くの欧米各国は分権国家である。スウェーデンなど北欧は社会民主主義体制をとっており、か

図 7-1　分権国家への途

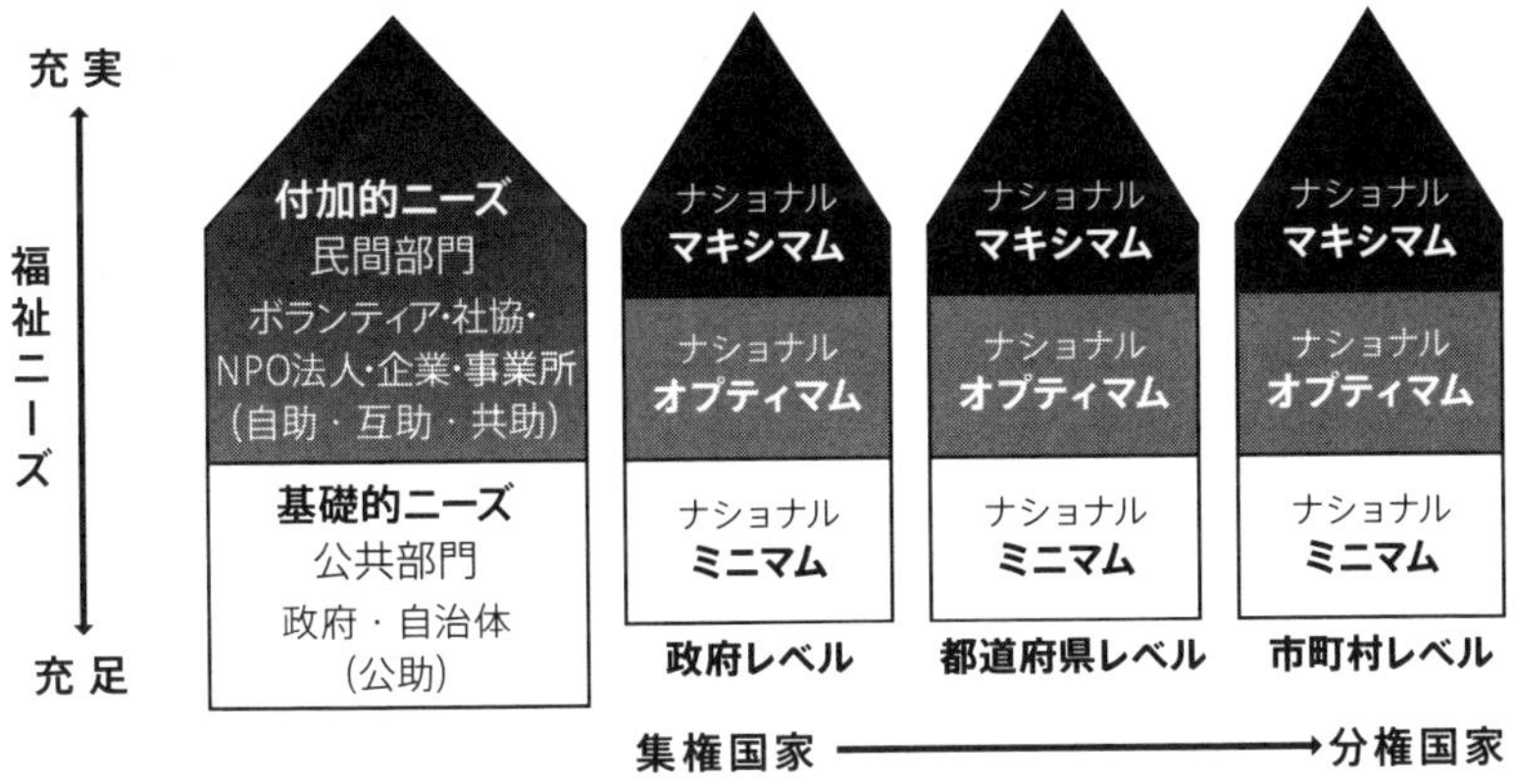

出典：拙著『人生 100 年時代のニュー・ライフスタイル』あけび書房、2022 年、143 頁。

つ分権国家として世界の社会保障・社会福祉を先導、福祉国家として知られている。

日本では国から自治体に任せられた機関委任事務が廃止され法定委任事務に再編されたものの、明治、昭和に続き平成の市町村合併を強行、政府に忖度する自治体に地方交付税交付金や補助金を優先的に配分して中央集権を加速している。このため、国会議員選挙はもとより、首長や地方議会議員選挙では政権政党の世襲議員や「3バン」議員の立候補者が相次いで多選を果たしており、分権国家による政治・経済の立て直しがいまだに実現していない。

そこで、このような集権国家によるトップダウン（国家統治）からボトムアップ（国民協治）による分権国家へと転換し、国民の年金や医療、介護、子育て、生活保護など社会保障の基礎的ニーズはナショナル・ミニマム（国家最低保障）として引き続き政府による制度・政策を基本とするものの、付加的ニーズはローカル・ミニマム（地方最低保障）やローカル・オプティマム（地方最適生活保障）は道府県や市町村に移譲し、団体自治からなる地方自治を住民自治、さらには市民自治へと止揚すべきである（図7‐1）。

(3)国際社会保障・国際社会福祉への貢献

前述したように、社会保障・社会福祉は自国の歴史や風土、国・地勢、民族、宗教、政治、経済、社会を踏まえ、自国および地域の国民の生存権の保障および国の社会保障的義務にもとづき年金や医療、介護、子育て、生活保護などの分野で取り組む政府の公的責任としての公助だが、それだけでは国家社会保障・国家社会福祉にとどまり、国際平和や国際人権保障の実現だけでは限界があるため、福祉世界、さらには世界連邦の樹立を展望したい。ちなみに、世界連邦とはドイツ・プロイセンの哲学者、カントやスイス・ジュネーブ出身でフランスの哲学者、ルソーなどの「永久平和論」を参考に世界各国が互いに独立しながらそれぞれの主権を一つの機構に統一、世界全体を単一の国家にしようという構想である。それはまた、平和外交や環境保全、貧困除去、飢餓の救済など国連が各国に提示しているSDGs（表1-3）の達成につながるものでもある。

折しも政治・経済のグローバル化が進んでいるほか、新型コロナの未収束や5類の感染拡大、ロシアのウクライナ侵略による被災者への支援など戦争や内紛、飢餓、貧困、地球温暖化による環境悪化などが深刻化しているため、SDGsの達成のためは多国・地域間の協調が必要である。もっとも、カントの時代にはまだ国連のような国際機関がなかったため、所詮は歴史的な所産の運命の域を出なかった。また、国際的な問題や課題の解決のため、18世紀以降、国際法が自然法として興ったのもこのような事情に由来する。

5　地域活動から全国規模のソーシャル・アクションへ

最後に、社会保障の再構築に向けての社会運動が発展することを期待し、筆者の問題提起としたい。

(1)地域活動の普及

地域活動に関して、日本における社会運動の歴史を振り返ってみる。

江戸時代には飛騨国（現岐阜県高山市など）などで年貢の不当取り立てなどで幕府に抗議し、決起した百姓〝一揆〟や打ちこわしがあった。明治維新後は1884年に政府に負債の延納や雑税の減免を求めた秩父〝事件〟があり、1889年には凶作によって米価が暴騰、その救助を要求して富山市の貧民が米〝騒動〟を起こし、その後、鳥取、新潟、山口、福井、愛媛、宮城各県に広がり、史上最大規模の民衆運動となり、このうねりが大正デモクラシー運動へと転化していったまた、戦前、戦後、女性の参政権や地位向上を求める女性解放運動が繰り広げられた。

戦後からは1949年には失業対策労働者の母親たちによる保育所づくり運動、総勢約25万人が皇居前広場に終結、生活擁護と平和・民主主義を求めるメーデーや1950年代、東京都砂川町（現立川市）の農民たちによる米軍立川基地（現陸上自衛隊立川駐屯地など）拡張の反対・撤去を求める砂川闘争、長野県軽井沢町の米軍浅間山演習地設置反対運動、1958年には原水爆禁止をめざし約1万人が東京に終結した平和運動、1960年代から1970代の学生や市民有志による「ベトナムに平和を！市民連合（べ平連）」、フォーク〝ゲリラ〟によるベトナム反戦および日米新安保条約締結反対運動がみられた。その後、大阪府豊中、兵庫県伊丹両市などにまたがる大阪国際（伊丹）空港の公害訴訟、農民や学生らによる新東京国際空港（現成田国際空港）建設反対の三里塚闘争、さらに２０００年には三重県南島町（現南伊勢町）の地元漁協らの運動による中部電力芦浜《あしはま》原発建設の撤回、２０１５年に強行採決された安全保障関連法に反対する学生団体「ＳＥＡＬＤｓ（シールズ）」や学者・作家らの「九条の会」、「安保法制の廃止と立憲主義の回復を求める市民連合（市民連合）」運動など、様々な抗議・抵抗運動が繰り広げられてきた。

しかし、最近では抗議集会やデモはかつてのようにはあまりみられない。日本労働組合総連合会（連合）によると、このような労働運動の参加率は27・9％、デモに至ってはわずか29％と欧米と比べてきわめて少ない。

しかし、抗議集会やデモは少なくなってはいるものの、様々な市民活動のネットワーク化が各地で進んでいる。たとえば今後、地域における年金生活者や通院および入院患者、在宅での要介護・要支援高齢者、子育てもままならない保護者、生活保護世帯などを支援するなどの地域活動への参加することで、様々な課題を横につなげて政府の横暴を監視・批判する運動や世論形成を図っていることが重要である。

⑵労働運動と学生運動の活性化

労働運動は１９５０年会から１９６０年代に、福岡県大牟田市の三井三池炭鉱の労働者が閉山・解雇に反対、「総資本対総労働の対決」といわれる激しい闘争があったが、今では日常的な過重や危険な労働を強いられても個人で悩むだけで、同僚や同業他社の仲間と情報を共有、労働組合（労組）運動として「働く権利」を行使、完全雇用や男女同一労働同一賃金など雇用・労働環境の改善を経営側に訴える力が弱まっている。厚労省の調査によると、組合員（単一労組）は１９９５年の約１２７０万人をピークに年々減少、２０１９年6月現在で同１００７万人、また、１９５０年当時は同60％近くだった組織率も２０２２年現在、16・5％にまで低下、９年連続で過去最低を更新しており、半日以上のストライキ（スト）は１９７４年に５０００件以上あったものの、２０２２年度はわずかに33件にとどまっている有様である。

このようななか、国家・地方公務員労組の組織率は行財政改革に伴う任期制職員の配置やパート、アルバイト、契約社員の派遣など非正規雇用者の急増に伴い、加入者は２０１８年現在、約81万人、推定組織率も同70％と民間に比べれば高いものの、欧米の先進国よりも低く、かつ国家公務員や警察官、刑務官などは団体行動権（争議権・ストライキ権）が禁止されている。しかも、官公労と民間労組とは統一されておらず、かつ民間労組のほとんどは労使協調である。

また、学生運動は１９６０年代から１９７０年代の安保闘争、大学の授業料値上げ反対や学問の自由、大学の自治の保障および学園の民主化、ベトナム反戦を機に「国際反戦デー」へと広がった。もっとも、最近では主権者教育が不足しているほか、大学生の場合、３年次の３月に就職説明会、４年次の6月に採用・面接、同10月に内定解禁の半面、講義や実習の履修、演習（ゼミ）の参加・運営、卒業論文（卒論）の提出、社会福祉士・精神保健福祉士や司法試験など国家試験のための受験勉強、また、生活費を工面すべくアルバイトに追われている。そのためか、授業料の値上げや教授の指導、職員の教務、サークル活動への要望、さらには政府の大学運営や教員の任期制雇用をめぐる異議の声もほとんど聞かれず、下火のままである。もとより、専門学校や短大は学年次が短いため、それどころではない厳しい教育環境におかれている。

今後は、会社員やパート、アルバイト、フリーランスなど大企業、中小・零細企業の労働者はもとより、公務員や教員、学者、農林水産業、小売・卸売り業、学生など様々な層の人々が一致団結し、２０

23年10月現在で時給全国平均1004円にとどまっている最低賃金の大幅な引き上げ、同一労働同一賃金、「過労死ライン」の回避、過重労働および違法残業などの撤廃、ワーク・シェアによる雇用維持、仕事上のストレスによるうつ病など〝心の病〟の防止、経済再生、男女雇用機会の均等、、雇用の安定や労災の防止・補償など多岐にわたる課題について、団体行動権も含む労働三権を行使して、政府や企業に求める行動が必要とであろう。

⑶全国規模のソーシャル・アクションへ

これら地域活動や労働運動、学生運動に取り組んでいる市民や労働者、学生が互いに連帯し、政治に無関心、あるいは関心があるものの現状の党利党略に失望し、浮動票にとどまる国民を巻き込み、全国規模のソーシャル・アクション（社会改良運動）を展開し、政権交代を果たして崩壊状態にある社会保障を再構築したい。政権交代の実現も視野に、地域活動や労働運動、学生運動に取り組んでいる市民や労働者、学生はもとより、日ごろ年金や医療、介護、子育て、生活保護などの現場で年金受給者や患者、要介護者、幼・保育園児、貧困者などの要援護者にあたっている社会保険労務士や医師、看護師、医療ソーシャルワーカー（MSW）、ケアマネジャー、ホームヘルパー、社会福祉士、精神保健福祉士、保育士、幼稚園教諭、SSW、ロー・ワーカー、生活保護ケースワーカー、さらには年金受給者やシルバー人材センター、老人クラブ、民生・児童委員、社会教育委員、町内会・自治会、保護者会、遺族会、被爆者・消費者団体、社協、社会福祉事業団、福祉系NPO、自主防災会なども日ごろの地域での学習会や集会、デモ行進などを通じ、労働運動や学生運動とも連帯し地域活動から全国規模のソーシャル・アクションへと止揚し、崩壊状態の社会保障を再構築する力としたい。

このようななか、故井上ひさし氏など作家や哲学・憲法学者、評論家、社会活動家らが2004年に立ち上げた「九条の会」はその後、各地で市民らがこれに共鳴して組織化、2022年現在で約8000団体に上っており、戦争放棄や戦力の不保持、交戦権の否認を定めている憲法第9条の厳守を広く呼びかけている。また、2013年に「憲法9条のノーベル平和賞を」実行委員会（共同代表：鷹巣直美氏など）が発足、署名100万人をめざしているほか、一般社団法人シニア社会学会（代表：袖井孝子・お茶の水女子大学名誉教授、同500人）、NPO高齢社会をよくする女性の会（理事長：樋口恵子・評論家、東京家政大学名誉教授、同1000人）など数多くの市民団体が憲法9条の厳守や老若男女共同参画社会の実現、少子高齢社会下の女性の人権の尊重や保護を訴える市民活動を展開している。

一方、多様な市民からなる各地のNPO、市民団体、研究者、弁護士などを会則・会費なしの「市民社会フォーラム」は個人参加のネットワークとして、2023年7月現在、1000人近くがメーリングリストを通じ、講演会や出版企画、学習会を主催・協力し、各参加者は集会・デモなどの情報を集めて相互発信を活発に行っている。主宰者は本書出版元、あけび書房代表の岡林信一氏で出版界の新たな潮流となりつつあり、今後の動向が期待されている。

なお、私事で恐縮だが、筆者は15年以上前から地元で賃貸マンションを地域に開放、毎月第2・第3日曜日午後、年金や医療、介護、子育て、生活保護、老活・終活、さらには防災・減災などをテーマにしたミニ講座や茶話会、一品持ち寄りパーティーを行っているほか、関係学会をはじめ、研究会や研修会、学習会、自治体、社協、社会福祉事業団、NPO、ボランティア団体の委員や仲間、さらに国会議員や地方議会議員、首長、有志との意見交換会などの地域活動に努めている。そして、このたび「市民社会フォーラム」の仲間ともあいなり、さまざまな情報や意見交換を通じ、崩壊状態の社会保障の再構築のため、ソーシャル・アクションを通じ、「地域共生社会の実現」ならぬ〝地域崩壊〟ばかりか、〝国家崩壊〟、さらには〝日本沈没〟とならないよう自民・自公政権に「ノー」を突きつけ、野党共闘による政権交代で平和・福祉国家の建設、さらには世界連邦の実現の一歩になればと考える。
そこで、読者諸兄・姉におかれても今後、それぞれの各地で関係団体や有志と連携し、ともに連帯できればと思う。

脚注

＊1　アメリカの第6代大統領、アダムズ（1825年～1829年在任）が考えたとされる議席配分法。

＊2　1960年、「日本国とアメリカ合衆国との相互協力及び安全保障条約（新日米安保条約）」に改定。

おわりに

「百姓は生かさず殺さず」――。

江戸時代、幕府と各藩は、総人口約3200万人のうち、85％を占める農民など百姓に対し、「五公五民」と収入の半分を年貢として納めさせた。しかし、その実態は搾取そのものだったため、怒った農民は各地で打ちこわしや百姓〝一揆〟に立ち上がって幕府と各藩に抗議したものの、鎮圧され、260年余続いた江戸時代は〝天下泰平〟とされた。

それでも幕府と各藩との関係は準分権国家で、現在のような集権国家ではなかった。その意味で、政府が地方交付税交付金や補助金などを通じて中央集権体制を強化、日本国憲法第92条で定めている地方自治の本旨を削がれたままの社会保障の崩壊状態は、味江戸時代よりも悲惨であるともいえる。本書で繰り返し指摘したように、国民負担率および潜在的国民負担率は「高福祉・高負担」の福祉国家、スウェーデン並みでありながら年金や医療、介護、子育て、生活保護などはアメリカ、否、グローバルサウス並みの「低福祉・高負担」となっており、江戸時代の「五公五民」のごとくである。

しかも、日本は再来年の2025年、すべての団塊世代が75歳以上の後期高齢者となるばかりか、2065年には本格的な少子高齢社会および人口減少を迎える見込みのため、自然増として当然増額されるべき社会保障費は抑制される一方、台湾統一や南西諸島進出をめざしている中国との対峙や、ロシアのウクライナ侵略に乗じて防衛費が対GDP1％から2％へ増額が検討されている。加えて、政官財

（業）の癒着によって赤字国債を乱発、戦後の高度経済成長期と変わらず新幹線や高速道路、地方空港などの土建型公共事業を強行、アメリカに次ぐ世界に冠たる〝借金大国〟と化しており、このままでは「五公五民」どころか、「六公四民」、否、「七公三民」に転落してしまうおそれがある。

こうした社会保障崩壊を放置し続けている政権を交代させるべく、国民は日本国憲法第25条で定める生存権の保障および国の社会保障的義務を政府に完全履行させ、GDP世界第3位の経済大国にふさわしい社会保障の整備・拡充とその持続化を最優先する分権国家および平和・福祉国家へと転換すべきではないだろうか。もっとも、かくいう筆者は筆者は40年近く社会保障・社会福祉を研究し、大学での教育・研究や自治体などの委員・理事、研修、さらには地域活動を通じ、その実践に自分なりに努めているものの、いまだに浅学菲才であることは否めないため、読者諸兄姉におかれては今後とも叱咤激励をいただければ幸いである。

最後に、昨年夏、上梓した『人生100時代のニュー・ライフスタイル』に続き、今回も本書の上梓にご理解とご協力をして下さった、あけび書房の岡林信一氏に対し、貴重な紙面をお借りして改めて深く感謝したい。

2023年10月

社会保障・社会福祉学者
武蔵野大学名誉教授　川村　匡由

参考文献

1　川村匡由『人生100年時代のニュー・ライフスタイル―新しい生活様式を超えた医（移）・職・住―』あけび書房、2022年
2　川村匡由編著『入門　社会保障』ミネルヴァ書房、2021年
3　川村匡由編著『改訂　社会保障―福祉ライブラリ―』建帛社、2020年
4　川村匡由編著『社会保障論（第5版）―シリーズ・21世紀の社会福祉①―』ミネルヴァ書房、2005年
5　川村匡由・島津淳・木下武徳・小島章吾編著『社会保障（第4版）―現代の社会福祉士養成シリーズ―』久美出版、2016年
6　川村匡由編著『入門　保健医療と福祉』ミネルヴァ書房、2023年
7　川村匡由『介護保険再点検―制度実施10年の評価と2050年のグランドデザイン―』ミネルヴァ書房、2014年
8　川村匡由編著『入門　社会福祉の原理と政策』ミネルヴァ書房、2022年
9　川村匡由編著『入門　地域福祉と包括的支援体制』ミネルヴァ書房、2021年
10　川村匡由編著『入門　高齢者福祉』ミネルヴァ書房、2023年
11　川村匡由『社会福祉普遍化への視座―平和と人権を基軸にした人間科学の構築―』ミネルヴァ書房、2004年。
12　川村匡由『老活・終活のウソ、ホント70―データや研究実践、経験からみた実像―』大学教育出版、

2019年
13 川村匡由『地域福祉とソーシャルガバナンス――新しい地域福祉計画論――』中央法規出版、2007年
14 川村匡由編著『国際社会福祉論――シリーズ・21世紀の社会福祉⑳――』ミネルヴァ書房、2007年
15 川村匡由『市町村合併と地域福祉――「平成の大合併」全国実態調査からからみた課題――』ミネルヴァ書房、2007年
16 川村匡由『防災福祉のまちづくり――公助・自助・互助・共助――』水曜社、2017年
17 川村匡由『脱・限界集落はスイスに学べ――住民生活を支えるインフラと自治――』農山漁村文化協会、2016年
18 小川政亮『人権としての社会保障原則――社会保障憲章と現代――』ミネルヴァ書房、1991年
19 坂本重雄『社会保障と人権――年金・医療の再編と生存権――』勁草書房、1987年
20 舟場正富・斎藤香里『介護財政の国際的展開――イギリス・ドイツ・日本の現状と課題――』ミネルヴァ書房、2003年
21 竹崎孜『生活保障の政治学――スウェーデン国民の選択――』青木書店、1991年
22 南原繁『人間と政治』岩波書店、1967年
23 厚生省大臣官房国際課監修『海外社会保障動向』ぎょうせい、1989年
24 白鳥令・R・ローズ編著、木島賢・川口洋子訳『世界の福祉国家――課題と将来――』新評論、1991年
25 三浦文夫・小林節夫『高齢化社会と社会保障――高齢化社会シリーズ――』中央法規出版、1981年
26 右田紀久恵『自治型地域福祉の理論――社会福祉研究選書2――』ミネルヴァ書房、2005年
27 大橋謙策『地域福祉の展開と社会教育』全国社会福祉協議会、1986年

28　野口定久『人口減少時代の地域福祉――グローバリズムとローカリズム――』ミネルヴァ書房、２０１６年
29　濱口晴彦『日本の知識人と社会運動』時潮社、１９７７年
30　右田紀久恵『自治型地域福祉の展開』法律文化社、１９９３年
31　本田宏『樹液を吸い取る政治――医療・社会保障の充実を阻むものとの決別へ――』

著者略歴

川村 匡由（かわむら・まさよし）

1969年、立命館大学文学部卒、1999年、早稲田大学大学院人間科学研究科博士学位取得、博士（人間科学）。

現在、社会保障・社会福祉学者・武蔵野大学名誉教授、行政書士有資格。シニア社会学会、世田谷区社会福祉事業団各理事、武蔵野徳洲会病院倫理委員、福祉デザイン研究所所長、地域サロン「ぷらっと」主宰、山岳紀行家。

主著『入門　社会保障』（編著）、『介護保険再点検――制度実施10年の評価と2050年のグランドデザイン――』、『入門　保健医療と福祉』（同）、『入門　社会福祉の原理と政策』（同）、『入門　地域福祉と包括的支援体制』（同）、『入門　高齢者福祉』（同）、『入門　保健医療と福祉』（同）以上、ミネルヴァ書房、『改訂　社会保障――福祉ライブラリー―』（同）建帛社、『老活・終活のウソ、ホント70―データや研究実践、経験からみた実像――』大学教育出版、『人生100年時代のニュー・ライフスタイル――『新しい生活様式』を超えた医（移）・職・住――』あけび書房、『地域福祉とソーシャルガバナンス――新しい地域福祉計画論――』中央法規出版ほか。

＊川村匡由のホームページ　http:kawamura0515.sakura.ne.jp/

社会保障崩壊　再構築への提言

2023年12月4日　初版1刷発行
著　者― 川村匡由
発行者― 岡林信一
発行所― あけび書房株式会社
〒167-0054　東京都杉並区松庵3-39-13-103
☎ 03. 5888. 4142　FAX 03. 5888. 4448
info@akebishobo.com　https://akebishobo.com
印刷・製本／モリモト印刷
ISBN978-4-87154-245-6　c3021